プロジェクトアドベンチャー入門

グループのちからを生かす

成長を支えるグループづくり

プロジェクトアドベンチャージャパン ——— 著

はじめに

　この本はプロジェクト アドベンチャー ジャパンの10周年を記念して出版されました。今までは、アメリカのプロジェクト アドベンチャー（PA, Inc.）の翻訳本しか出していなかったものを、今回は初めて日本のスタッフがみんなで分担して書くことにしました。PA, Inc.からも、そろそろ日本の文化に合わせた本を出してみたらどうかという勧めもあって実現したものです。どうしても、翻訳の本では伝えきれなかったところを今回思い切って書くことができました。10年前は講習会の講師から、ロープスコースの工事まですべてPA, Inc.にお任せでした。それが少しずつ日本側にシフトされてきて、10年目にしてようやく翻訳ではない本を出すことができました。この本は、PAプログラムの入門編です。初めての人がPAに触れるときのために、いろいろな事例をあげて説明してあります。また後半は私たちスタッフの体験の中から使いやすくて、面白い活動を集めてみたアクティビティ集です。翻訳ではないといってもPAの考え方はそのままに、説明をわかりやすくすることを念頭において書かれています。

　PAが築いてきた基本的な考え方は私たちの10年間の経験からは変える必要のないくらい、ほぼ完成されたプログラムのように思われます。プロジェクト アドベンチャーを築いてきた人たちには、これを裏づけるようなすごい人たちが大勢います。最初にPAを始めたときのハミルトン・ウェンハムハイスクールの校長先生だったジェリー・ペイさんは、このプログラムでハーバード大学の博士号を取りました。また彼の父親はミネソタアウトワードバウンドスクール（OBS）の創設者でした。ジェリー・ペイ自身もOBSのインストラクターをやっていた経験があります。そのスクールは冒険家の故植村直己さんが犬ぞりを教えて

1

いたことで日本でも知られています。カール・ロンキはアメリカの体験学習の世界で知らない人はいないくらいおかしな人です。PAが今使っている活動の大半を発明した人で、彼が書いたPA系活動の本は10冊以上もあります。最近はシニアオリンピックに水泳での出場をねらっているらしいです。ジム・ショーエルはカウンセラーとはこういう人をいうのかとだれもが信頼している、とっても純粋で澄んだ目をした大きな人です。きっと、ジムは目でカウンセリングをしているのではないかと私は睨んでいます。週末には時代物のヨットで外洋に出かけることを楽しみにしている人です。やはりアウトワードバウンドのインストラクターもしていました。ポール・ラドクリフは話し始めたら止まらない話好きで、病院の精神科で専門のカウンセラーをしていた人です。今はもう60歳を超え、おじいさんといってもいいぐらいの人ですが、初めて会った10年前に彼はロープスコースの工事を現役でやっていました。この他にもPA, Inc.在職中に博士号を取った人もいますし、またPAの外部トレーナーには大学の先生もたくさんいます。このようにアウトドアのスペシャリストであり、同時に心理学の専門家であったり、カウンセラーであったり、そのような人がPA, Inc.だけでもこんなにいるということに驚かされます。またアメリカという国のこの分野での層の厚さも感じます。そんなPA, Inc.からは、今でも新しい情報がどんどん入ってきていますし、コース建設の新しい技術も入ってきています。

　PAプログラムはひとつの道具です。これだけの人材をもとにPA, Inc.は応用分野も広げてきました。学校現場はもちろん、社会教育、カウンセリング、野外活動、企業研修、街づくり、犯罪者の更生などさまざまです。人の成長やコミュニケーションに関係する現場であれば、その分野の専門家がこの手法を取り入れることで、効果を格段に高めることができます。

　ぜひ日本でも、この入門書をベースにいろいろな分野でこの手法を応

用していっていただければと思っています。
　この本の出版にあたり、プロジェクト　アドベンチャー　ジャパン設立当初から様々な面でPAJを支えてくださっているミッキーこと高木幹夫氏と、「アドベンチャーグループカウンセリングの実践」、「対立がちからに」（共にみくに出版）に続いて、この本を出版するための編集を担当してくださった安修平氏、いつも楽しいイラストでアドベンチャーの素晴らしさを伝えてくださる、諸さんこと諸澄敏之氏をはじめPAを支えてくれている多くの皆様に心から感謝申し上げます。

林　壽夫

グループのちから

　この間、中学生にある質問をもらった。「YOU&IとWEはどう違うの?」。一瞬、どう説明しようかと考え、言葉で説明をしてもわかりにくいと思ったので、自分が動いてみた。その中学生と私が向かい合う形で立って、「あなたとわたし＝YOU&I」、そして2人で横に並んで「わたしたち＝WE、かな」と言ったら、なんだか納得できたのか、その子はニコニコして去っていった。

　説明をしてみて私も気がついたのだが、「私たち＝WE」には第三者が必要なのだ。「私たち」という言葉を使おうとすると、それを伝えるためにはもう一人必要になる。ということは、この3人目が存在するところから「集団」、グループができるということなのだろうか。

　今の子どもたちと一緒にいて感じるのは、自分の輪郭、個人の輪郭がますますあやふやになってきているということだ。いや、これは子どもたちだけの話ではなさそうだ。時代が進むにつれ、文明が進歩し世の中が便利になり人類も発展をしているはずなのに、一人ひとりをみているとそれぞれが輪郭をはっきりさせることに手を焼いているように感じる。年々、その思いは強くなってくる。不思議と思うべきか、当たり前と思うべきか。

　10年以上前、まだプロジェクト アドベンチャーと出会う前は、グループと個人との関係について考えることは少なかった。グループと個人の関係に着目する必然が時代の中にまだ少なかったのかもしれないし、自分がPAと出会うことでようやくその視点を貰うことができたからかもしれない。対人関係をつくること、コミュニケーション能力についてだけ考えれば、2人のときでも3人のときでも、そこに必要な能力には大きな差はない。10年以上前から既に言われていたOD（Organization

Development：組織開発）の中でも、集団という組織心理学に注目するか、その構成要因である個人という自己啓発に注目するか、テーマはどちらかに二分されていたと思う。同様に、"One For All, All For One" という言葉も流行っていたが、では「私たち」は、「グループ」はどうあるのか、ということについてはしっかりと考えられてはいなかったように思う。「自分」とそして自分が存在するからこそ成り立つ「グループ」という考え方の持つ強力なパワー。振り返ってみると、プロジェクト アドベンチャー ジャパンの10年間は、皆がこのことに気づいていくための10年だったのではないかとさえ感じる。

「グループ」の力。そこには私とあなた、2人だけの対立からでは学べないものがたくさんある。グループの中でメンバーが誰かの後に隠れていては、隠れている人も、隠している（あるいは庇っている）人も育たない。もちろん、グループも育たない。私たちはこれまでの経験で、誰かと対決をして勝負をすることは知っている。また、組織の中で派閥（サブグループ）をつくり、そのリーダーになって力を使ったり、サブグループの中に隠れたりすることも知っている。けれども、それらの「勝ち・負け」による方法ではなく、「自分」を際立たせることで集団がもっと輝く、という方法については、大変に不得意である。日常的なグループの中ではその方法を体験的に理解することが難しいからだろう。自分が際立つことがグループを輝かせる、「みんなが勝つ」方法。PAのグループ体験の中で「自分」が成長し、それによって「グループ」が成熟する瞬間を私たちは何度も体験した。

PAが教えてくれた様々なこと。10年という時間の中で「グループ」についてのこの本の誕生をあらためてみなさんと共に喜びたいと思う。

高木幹夫

目次 CONTENTS

はじめに ……………………………………………………… 1

グループのちから …………………………………………… 4

第1部 プロジェクトアドベンチャー入門 …… 9

Part1 　プロジェクトアドベンチャーとは　……………… 11
Part2 　チャレンジバイチョイス　………………………… 21
　　　　Challenge By Choice
Part3 　フルバリューを生かした学びの環境づくり　…… 29
Part4 　目標設定　…………………………………………… 36
　　　　目標をより身近に
Part5 　体験から学ぶということ　………………………… 45
　　　　体験学習のサイクル
Part6 　PAプログラムの活動　……………………………… 55
Part7 　プログラムの流れ　………………………………… 67
Part8 　グループの発達段階　……………………………… 75
Part9 　ふりかえり　………………………………………… 81
　　　　体験からの学びを生かす

column

日本人にフルバリューコントラクトが
　　　　　　　理解されにくい理由とは？ ……94
「待つ」……………………………………………………… 98
脳の中のワナ ……………………………………………… 100

第2部 アクティビティ集 …… 103

- 01 ネーム遊び …… 112
- 02 アンケート …… 114
- 03 サイン集め …… 115
- 04 Q² …… 116
- 05 チェンジアップ …… 118
- 06 ウェスタンチャレンジ …… 120
- 07 7－11 …… 121
- 08 トレジャーハンティング …… 122
- 09 奇数偶数 …… 124
- 10 ネームトス …… 125
- 11 みんなおに …… 128
- 12 ケージサッカー …… 129
- 13 数まわし …… 130
- 14 サンダンス …… 132
- 15 ラインアップ …… 134
- 16 チキンベースボール …… 136
- 17 数かぞえ …… 137
- 18 かるがも母さん …… 138
- 19 ぱちぱちインパルス …… 140
- 20 バナナおに …… 142
- 21 ストップ＆ゴー …… 143
- 22 ペーパータグ …… 144
- 23 ジップザップ …… 145
- 24 王様と山賊おにごっこ …… 146
- 25 かっぱおに …… 148
- 26 ガーディアン エンジェル …… 150
- 27 コピーキャット …… 152

28 ミセスバブーシュカ …………………………………153
29 ピープルトゥピープル …………………………………155
30 キングフロッグ …………………………………156
31 エコーロケーター …………………………………158
32 The セールスマン …………………………………162
33 価値観ベスト5 …………………………………163
34 バルーントローリー …………………………………164
35 フライングペーパー …………………………………166
36 コントローラー …………………………………168
37 シークレットコード …………………………………170
38 オセロ紹介 …………………………………172
39 感情のサイコロ …………………………………173
40 エブリボディアップ …………………………………174
41 大縄とび …………………………………176
42 キーパンチ …………………………………178
43 ワープスピード …………………………………180
44 フライングチキン …………………………………182
45 フープリレー …………………………………184
46 マジックショー …………………………………186
47 人生のスポットライト …………………………………188
48 ブルズアイ …………………………………190
49 1，2，3は20 …………………………………192
50 トラストブランケット …………………………………194

column

わき腹を見せる …………………………………196
恐るべし、1年生 …………………………………198
　―ある小学校でのエピソード

おわりに …………………………………200

第1部

プロジェクト
アドベンチャー入門
PROJECT ADVENTURE

<ウォール（大脱走）>

PART 1 プロジェクトアドベンチャーとは

アドベンチャー活動の持つ不思議な力

　アドベンチャーの不思議な力を感じることがよくあります。こんなグループがありました。中学2年生と1年生のグループです。近所の子どもたちですがお互いはあまりよく知りません。エレメント[*]のあるコースで1日のプログラムを進めていました。ウォームアップを始めると、1人だけグループの輪から1メートルくらい外にいる子がいました。その子に、「中に入ったら」と言うと逆に遠ざかってしまいました。でもそこに居てこっちを見てくれているので十分OKです。そのまま活動を進めていきます。

　ローエレメント[*]をいくつかやった後、ウォール（大脱走）をやっていた時のことです。彼はやはり少し離れたところから活動を見ていました。何人かが壁の上に上がり、壁の前の人手が減ってきました。そこでみんなの目が一斉に彼の方に向いたのです。「ちょっと手伝ってよ」とっても自然な言葉がけでした。そうしたら彼は少しずつ近寄ってきて、ぎこちなく他の人を上に上げる手伝いを始めました。そのまま活動がさらに進んでいき、ふと気がつくと彼は壁の真ん中で、力一杯仲間を上に押し上げる中心にいて必死に頑張っているのです。今までグループの輪に入れなかったのがまるでウソのように、その後はずっと前から仲間だったかのように元気に活動を続けていました。「こんなことがあるのか？　何でこんなに変わるんだ」ファシリテーターとしての私は自慢ではないが何もしていない。アドベンチャー活動の持つ力を強く感じた瞬間でした。

成長を阻む壁

　人間はみな弱い動物です。その弱い動物は昔からみなで助け合って生きて

＊エレメント：丸太や立ち木を利用して作られたアドベンチャー体験の施設
＊ローエレメント：低い位置に設置されたエレメント

きたのです。助け合わなかったら自分たちが助からない。そんな状況がそうさせたのかもしれません。今、自分たちの生活を振り返ってみると助け合わなくても生きてはいける世の中です。生活は楽になりました。でも助け合っていた時のほうが楽しかったような気がします。壁の前でみなで協力し、助け合っている子たちはとっても楽しそうでした。

　お互いに助け合うという関係が人を成長させると私たちは考えます。助けを求められたら、一生懸命手を貸すのが人間です。それは本能ともいえるものです。損得の勘定なしです。何の見返りも期待もしない人間の本当の美しさを見ることができます。助けられるほうも必死ですから、助けてくれた人への感謝の気持ちを素直に感じます。このとき心が開かれます。人の言うことに耳を傾けようという状態が生まれます。成長を妨げる壁が下がるのです。

　人は信頼できる人の前では素直に自分を表します。どんな人だかわからない相手には心に壁を張り巡らし、防御の姿勢に入ります。つまりその人の話を聞かないようにするのです。例えば、いじめっ子に対して「君は何故いじめるのだ、いじめられている子の気持ちを考えたことがあるのか」と言ったところで「だってあいつがムカつくんだ」と言われておしまいです。話を進めようとしてもさらに壁を高くして自分を守ろうとします。人の話を聞かないのです。「君が悪いと言っているのではなく、相手の気持ちを考えて欲しいといっているのだ」と言っても、「人の気持ちなんか考えられない」と聞いてはもらえません。ところが尊敬できる人や信頼できる人が同じことを言ったとしたら、「だってあいつがムカつくんだ」と答えは同じかもしれないのですが、答えた後、少しだけあいつの気持ちを考えてみるか、と心が動くのです。このときの人の気持ちをもっと考えてみるというところから成長は始まります。たとえ自分にとって良い指摘を受けていてもそれが心に響かなければそれまでです。このように自分を守る壁は明らかに自分が人間として成長するための種をつぶしてしまっています。

遊びの中で築いてきた信頼関係

　かつて子どもたちは遊びの中で人を助けたり、助けられたりしていました。毎日遊びまわっていた子どもたちの世界では、遊びをたくさん知っている年上の子が年下の子たちに遊びを教えていました。また川や海で遊ぶときは、

年上の子らは年下の子たちを守らなければなりません。人に言われたわけではなくても責任を感じていました。そうして日が暮れるまで遊び続けている間に、彼らはお互いの信頼関係を自然に築いていったのです。

今、子どもたちには遊び相手も、遊ぶ時間も、遊ぶ場所さえも、激減してしまいました。このままでは日本のこころも、日本の美しい文化も失ってしまいかねません。今、私たちは、大急ぎでそれに代わる方法を模索しなければなりません。

壁を下げる画期的な方法

プロジェクト アドベンチャー（PA）が始めたフルバリューコントラクトという考え方はその具体的な方法を示しています。短時間で効果的に壁を下げるための方法です。相手を信頼することができれば自分の壁は下がるのです。でも自分の感情をそんなに上手にコントロールすることはできません。そこで友達に助けてもらいます。友達に自分の壁を下げてもらうのが一番楽なのです。ただこれを一対一でやるのは難しいものです。一対一だとこんなお願いをしなければならなくなります。「どうか私があなたを信頼できると思えるような行動をしていただけないでしょうか」。そんな自分勝手な虫のいいことを人には頼めません。いくらなんでも恥ずかしいし、だいたいそんなことを言えるような人は信用できません。

実はそんなことを頼まなくてもいい方法があるのです。グループを利用するという方法です。相手にお願いをするのではなく、自分から進んで相手が信頼感を持ってくれるような行動をするのです。それをグループでやります。グループのみんなが一生懸命相手の壁が下がるような行動をします。そうすることで結果的に自分の壁が下がるという仕掛けです。これはPAプログラムの最も注目すべき手法です。自分の力では下げることができなかった壁が、簡単に下がるのです。友達の壁を下げてあげるという努力が、実は自分の壁を下げてもらうことにつながっているのです。これは小グループでやることに大切な意味があります。相手が100人もいたらその1人ひとりに信頼感をもってもらうための行動をするのは不可能だからです。壁が下がることが成長の第一歩です。このいわば成長のための下地づくりに時間をかけて、丁寧に行うのがPAの特徴です。

自分を信頼してもらう方法

　自分を信頼してもらうということもそう簡単なものではありません。どうすれば信頼してもらえるのでしょう。これについては心理学者のカール・ロジャースの研究がたいへん参考になります。ロジャースはカウンセリングの基礎を築いた人として有名です。人間は誰かに自分の話を一生懸命聞いてもらうことができると、自分のことを話しながら自分で頭の中を整理し、どこに問題があるか気づく力をみんな持っている。大事なことはいかに相手が話をしやすいようにするかという事だとする考え方です。

　ロジャースによるとそれは①自分の中で裏表がなく首尾一貫している「一致」。②相手を否定しないという「無条件の肯定的配慮」。③相手の感情を理解しようとする「共感的理解」。であるとしています。これらはフルバリューの考え方とも一致するものです。PAでは、グループの1人ひとりがカウンセラーとして機能するということを理想としています。グループが共通の体験をし、それをみんなで振り返ることで一対一のカウンセリングとは違い、大勢の反応から多くのことを学ぶことができます。

自分たちのために自分たちでつくる自分たちのルール

　人権が尊重される社会にあって、現代社会は大きく変化してきています。子どもたちの考え方も昔と比べ大きく変わってきています。すべての人間が尊重されなければならないという社会通念が生まれてきました。

　怒鳴って言うことを聞かせてきた過去の手法は通用しません。価値観が多様化したともいわれます。それではどうすれば子どもたちに言うことを聞かせることができるのでしょうか。まず大人の側が子どもたちに対する考え方を変えていかなければなりません。子どもたちを尊重するという態度がなによりも必要です。人権に関して子どもたちとも共通の立場をとることは当然です。そのうえで子どもたちの力を利用するということがポイントです。今までは規則をつくって子どもたちに守らせようとしてきました。これだと他人に押し付けられていると感じてしまうので反発する子どもも出てきます。これからの新しい方法は子どもたちに自分たちのためのルールをつくってもらいます。自分のためであると認識してもらうことが必要です。誰かにやらされているという感覚は取り除かなければなりません。そしてもう一つ大事

なことは「わかりやすさ」です。「じゃあ今からルールをつくります。どんなルールがいいですか」という問いかけでは通り一遍のルールしか出てきません。そこでこんな方法があります。

　自分たちが安心して生活が送れるようにするために、自分はどんなことができるか。他の人にはどんなことをして欲しいか。こんなことはしないで欲しいというものはないか。という具体的な質問に対する答えをルールにしていくという方法です（Part 6, p.57「ビーイング」参照）。

　自分たちでつくったルールがあることで、こんどは話合いで解決することができます。それは他人に押し付けられたのではなく自分たちが決めたものだからです。それには責任もあれば義務も伴います。後は子どもたちの力を信じます。子どもたちには自分たちで問題を解決し、より安心できる環境をつくり出す力はすでに備えています。その力を少しだけお手伝いして引き出してあげればいいのです。できたらこのときに先生や指導者も子どもたちのグループのメンバーのひとりとして参加することをお勧めします。メンバーのひとりとして参加することでお互いに尊重しあう対象として存在することができますし、グループをより良くするためにメンバーのひとりとして発言することができます。

ふりかえり

　権威で子どもたちをコントロールしてきた今までの手法からこの手法に変えることで、今までとは異なる力学がグループの中に発生します。メンバー相互が影響を及ぼし合う関係です。これをさらに機能的に動かすにはふりかえりという手法が使われます。ふりかえりは体験から学ぶこの種の手法にとって極めて大切なプロセスです。ふりかえりによって自信のなかった子が自信を取り戻したり、今まで気がつかなかった自分の長所・短所に気づいたり、新しく自分が目指そうとする人間像ができてきたり、実に様々な気づきがこのプロセスでは起こります。ふりかえりの方法はたくさんあります（Part 9「ふりかえり」参照）。これは必ずしもみんなで話し合わなくてもよいのです。場合によっては紙に書くだけのこともあれば、ただ静かに今どんなことが起こったかを自分の頭の中だけで再生してみたり、いろいろな方法が考えられます。いつも同じ方法では飽きてしまいます。

アメリカと日本の違い

　PAはアメリカで生まれた手法です。初めて日本に紹介しようとしたとき、多くの方から文化の違いにどう対応するかという質問を受けました。たしかにアメリカでうまくいった方法が日本でうまくいくとは限りません。実は当時、私たちには日本の文化にどうやって合わせればよいのかということを語れるほどPAに関する知識を持っていませんでした。そこでとりあえずはアメリカで行われている手法をそのまま導入することにしました。やがてプログラムを進めていく中で気づいたのは日本人は恥ずかしがりやだということです。それがアメリカとの大きな違いであることに気がつきました。

　PAにはディンヒビタイザーという活動のカテゴリーがあります。ディンヒビタイザーは少し恥ずかしいなと思うような要素の入った活動です。これはうまく使えば壁が一気に下がるのですが、失敗すると壁が逆に上がってしまうほどインパクトの強いものです。アメリカのファシリテーターはウォームアップゲームの初めの段階で使う人が多いのです。ところが日本で現実の場面でこれをやると大変なことになります。なにしろ恥ずかしさを伴う活動なので「何でこんなことをやらされなければならないのか」と怒りだす人も現れたりします。そこで活動がストップしてしまうのです。その後いくら修正しようとしても一度上がってしまった壁を下げるには大変な努力が必要です。

　アメリカ人と日本人とでは最初から壁の平均高さが違うと思われます。特に日本ではプログラムを進めていくときには慎重に慎重に壁を下げていく必要があります。PA系の教科書にはウォームアップの次にディンヒビタイザーをやるというような表現のものもありますが、これはアメリカの場合と考えたほうがよさそうです。日本ではもっと後でやるようにしましょう。また、ディンヒビタイザーではないようにカテゴリー分けをされている活動も、対象によってはそれがディンヒビタイザーとなる可能性もあります。特に中学生ぐらいを対象にするときは注意が必要です。

器を育てる

　PAの使い道はたくさんあります。病院、学校、野外活動、企業研修、更生施設、町づくりなどです。なかでも今の子どもたちに最も必要なものは

「器を育てる」ということではないでしょうか。「すぐ切れる」「他人をいじめる」「小さな悩みから抜けられない」などはすべて器に原因がありそうです。また何よりも器の小さい人間の集まった社会は生きていても窮屈でいけません。PAで器が大きくなるのはどんなメカニズムによるものなのでしょうか。

まずPAの活動は壁を下げるところから始まります。壁が下がると人の話に耳を傾けようとします。そして人の話を聞いているうちに今の自分の考え方を変えなければならないということに気がつきます。その気づきが人を成長させます。成長のためにはどうしても必要なプロセスです。それは本人にとってたいへん重大なことです。人間は今までつくり上げてきた自分の考え方というものがあります。それは今まで得た知識や経験により形づくられています。その考え方を変えるということは、心の中で大がかりな引越しが始まるようなものです。自分の今まで住みなれた家から別の家に引越すわけです。面倒であるうえに不安が伴います。引越し先の新しい考え方に自分の考え方がうまく馴染めるだろうか？ 馴染めなかったとしてももう今の家には戻れない？ この心の中の大アドベンチャーも支えてくれる仲間がいれば思いきって引越そうという決意ができるのです。

お互いに壁を下げた結果、仲良くなれた、その仲間が今度はお互いの成長を支援するという関係に発展します。アドベンチャーは1人だけで孤独にやるばかりではなく仲間に支えてもらうことで大きなチャレンジをする勇気が沸いてくるものです。居心地の良い今の場所に居つづけていたのでは裸の王様になってしまいます。壁を下げ、人の考えを受け入れる用意をして、議論を自由に戦わせると器の大きいほうが残っていきます。そのメカニズムにPAは大いに役立ちます。

PAのゲーム

PAのゲームを並べてみるとグループがお互いに競争するというものがほとんどないことに気がつきます。PAのゲームに競争がないのには少しだけ意味があります。人のモチベーションには他の人との競争によるものと、自分の中に目標をつくってそれに向かって行動するものとの二つがあります。他の人との競争だと勝ち負けが決まるとそれでおしまいになってしまいま

す。ところが自分の中に目標を設定するのであれば、競争相手がいなくてもモチベーションが下がることがありません。自分たちで決めた回数や時間を目標としてクリアーすることを目指します。例えばビーチボールをみんなで何回つけるかを目標にしてやる活動では、それを2時間も続けたグループもあります。おそらく目標設定なしでやったら10分はもたないのではないでしょうか。数時間もの間いろいろなアイデアも出てきますし、コミュニケーションも深まります。この間モチベーションが下がることがあったと思われるのですが、それでもやめなかったということが注目すべきことです。自分の中に行動を動機づけるために目標をつくるということの意味をもう一度捉え直してみましょう。

自尊感情を高めることでも壁は下がる

PAのアドベンチャー活動では、できるかどうかのギリギリの目標を設定して、これにグループで挑戦します。このギリギリの目標を達成したとき、なんともいえない幸福感を感じます。この幸福感は大げさですが生きていて良かったと思える瞬間です。またこのような成功体験を重ねることで自分に対する自信が生まれます。少しずつこうして自尊感情（Self - Esteem）が高まることで、自己が確立していき、外界に対する不安感が減っていきます。不安が減れば自ずと壁は下がります。アドベンチャー活動にはただやるだけでも一定の効果が期待できるのはこのような理由からだと考えられます。

FUNN

PAにはすべてのゲームに何か意味があるのかと思っているとどう考えても意味のない、ただ面白いだけというゲームもあります。それでもいいのです。すべての活動に意味を求めようとする方にはがっかりされてしまうかもしれません。意味のないゲームに象徴されるように、PAはただ面白いということもプログラムに積極的に導入しています。

PAの楽しいゲームやエレメントの数々を発明したカール・ロンキはFUNNという標語もつくりました。楽しいという意味の英語はFUNです。そのままではなく、カールが創ったFUNNはNがもうひとつ余分に付いています。これは「Functional Understanding is Not Necessary」という言葉

の頭文字をつなげたものです。「理屈で考えなくたっていいじゃないか」というような意味です。理屈ではなく使えるものはなんでも使ってきたPAです。理屈ではわからないのですが、楽しさとか面白さには不思議な力があります。壁を下げるひとつの有効な手段です。楽しさは生きている意味そのものでもあります。楽しくなると気持ちがなんとなく豊かになります。細かいことにこだわらなくなります。許せる幅が広がるような気がします。

　遊びの中から生まれたPAには理屈でははかり知れない魅力があります。壁を下げ、人の考えを受け入れる用意をして、議論を自由に戦わせるとお互いの器が大きくなっていきます。相手の話をよく聞くことにより自分の考えとは異なる考えが存在することを知ります。そこでお互いを尊重するという関係が保たれていれば、冷静にその違いを吟味することができ、何が違うかがわかります。そこで相手の考えの納得できるところを自分の中に取り込むことになります。こうして人の考えの器が少しずつ大きくなるのです。前述したように自分の考えを変えることは大変勇気のいることです。そこにフルバリューによってつくられた、お互いをサポートし合う関係があると、仲間に支えられて楽に取り組むことができるのです。

体験から生まれたプロジェクト アドベンチャー

　PAが対象とするグループは様々です。ときには何でこんなことをやらなければならないのだとやる前から怒っている人もいます。また中にはもうすでに人間関係が壊れてしまっていてお互い信頼関係どころか不信感を持っているようなグループもあります。このような対象はいつものゲーム系の活動では動いてくれません。いくら一生懸命楽しいウォームアップゲームをやってものってはくれません。そんなときロープスコースに救われることがあります。ロープスコースは屋外の森や広場に立木や丸太を使って作られたアドベンチャーコースです。体育館の中に作られたコースもあります。コースは地上で行うものと、6～15m程度の高所で行うものとがあります。高いところではロープで安全を確保し、低いところでは仲間同士でお互いの安全を確保します。ここでは「なんでこんなことをさせられるのか」という考えは浮かんでこないようです。遊び心はくすぐられると思わず動いてしまう本能のようなものです。年齢とは関係なく、自分の身に多少の不安を抱えながら

やる活動は何故か楽しく思わず真剣になってしまいます。アドベンチャー活動の持つ性質には説明のしきれないパワーを持っているものがあります。ただ、ほとんどの人は身近にロープスコースがありません。でも一度ロープスコースに出かけていってグループで行うアドベンチャーを体験してみてください。PAはこのようなアドベンチャー活動のもつ性質を利用しています。PAでやっているゲームにもその考え方は踏襲されています。その元になっている考え方を体験してみていただくと、ロープスコースが無いところでやる活動にも深みが増すはずです。

PAはOBS（Outward Bound School）から生まれました。OBSは世界的に有名な冒険学校で、自然の中で行われる大変優れた体験活動です。そのOBSのようなアドベンチャー活動をもっと身近にもってくることができれば学校教育の現場で使えるのではないだろうか、という発想で1971年にアメリカの公立高校の先生たちが始めた活動です。つまり最初に理論があってプログラムがつくられたというよりは、体験の中から「どうもアドベンチャー活動をした後、人はなにかひとまわり大きくなるようだ」という気づきから生まれたものです。何故そうなるのか説明できなくても構わない。良ければやってみる。特にロープスコースの持っている力は何故そうなるのか説明のしようがありません。後に、PAのプログラムは心理学者やカウンセラーなども加わって様々な分野で使われるようになってきました。ただ、いずれにしろPAの手法はアドベンチャー活動の持つ特性の上に、あとからこれらの実践者たちが加えたものです。その手法にはいろいろな理論がついています。理論は時代によって価値が変化するものもあります。しかし、いくら時代が変わってもアドベンチャー活動は実践から生まれたものなのでその価値には変わりがないのです。

参 考 文 献
Rogers, C．R．(1961).On becoming a person

# チャレンジバイチョイス

Challenge By Choice

1 アドベンチャーとチャレンジバイチョイス

　"アドベンチャー"という言葉には、文化を超えたパワフルなイメージがあります。発見、達成、リスク、恐れなど、様々なイメージを呼び起こします。しかし、これらのイメージは人の心を捉えることもありますが、自分たちの思いとは別に、"やらされている"と思わせてしまうことがあります。この章では"アドベンチャー"の持つパワーを最大限に生かし、恐れを最小限にして、効果的に生かすことのできるチャレンジバイチョイスについて考えていきたいと思います。

チャレンジバイチョイスって何？

　チャレンジバイチョイス（Challenge by Choice）は、その名前の通りチャレンジを選ぶことができるという意味です。**チャレンジバイチョイスは、自分の参加の度合いと方法を、自分自身で選ぶことができるというものです。**活動の中には、様々な役割があり、異なる参加の方法があります。チャレンジバイチョイスは、自分自身が気持ちよくグループ活動に参加し、学びのための方法を選ぶことができるのです。

　例えば、ロープスコースのハイエレメントの活動では様々なチャレンジバイチョイスが考えられます。2～3段登ることも、一番上まで登ることのどちらでも選ぶことができます。目標は登りきることではなく、その人のチャレンジを受け入れること、新たな世界を探索することにあるのです。チャレンジバイチョイスの適用範囲は身体的な挑戦だけに使われるものではありません。

例えば、グループで問題を解決するイニシアティブを例にとりましょう。"チャレンジバイチョイス"によって、グループの対話の中で控えめで静かな人が自分の意見を言いやすくなることがあるかもしれません。

大きな声で意見や提案を言うのは、ある人にとっては大きなチャレンジになります。チャレンジバイチョイスは、自分がいつでも元の場所に戻れることを前提として、自分が安心できる場所（comfort zone）から一歩外に出てみようとするものです。

2 快適な場所：コンフォートゾーン(Comfort Zones)

アドベンチャーとチャレンジバイチョイスは、"コンフォートゾーン"の考え方に密接につながっています。コンフォートゾーンは、"とても快適（安心）"から、"全く馴染みが無い（不安）"へと続く3つのカテゴリーからなっています。

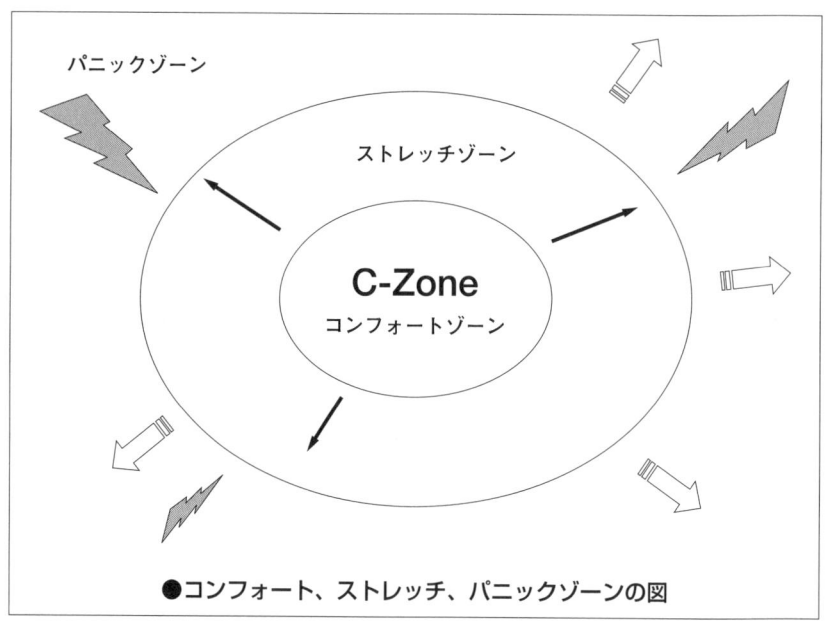

●コンフォート、ストレッチ、パニックゾーンの図

コンフォートゾーン（Comfort Zone）

　1番目の領域で、最も親しみのある場所です。その人の日々の生活や知っている知識など日常的な側面を持ちます。この領域には新しい情報が欠けているため、学びの機会はかなり限られている代わりに、安全度は高くなります。

ストレッチゾーン（Stretch Zone）

　2つ目の領域、自分のよく知っている事柄、場所から離れて、あまり馴染みの無い環境です。馴染みの無いものに触れることで、新しい体験や物を理解しようとする学びの環境がつくられます。馴染みが無い場所ですが、このストレッチゾーンでは協力的な環境の中であれば、かなり快適に過ごすことができます。

パニックゾーン・ストレインゾーン（Panic Zone, Strain Zone）

　この図の最も外側の領域で、自分が慣れ親しんでいる環境から最も遠い領域です。まだ本人の準備ができていない状況に出くわしてしまうこともあります。このような環境では、とにかく自分が快適でいられる状況に戻りたくなります。

　コンフォートゾーンの内容、広さは人によって異なります。それぞれの人生経験により違ってきます。自分にとって慣れ親しんだものでも、他の人にはそうではないということがあります。コンフォートゾーンは、人によってかなり違いがあります。同じようにチャレンジバイチョイスも、事と場合によって様々です。

3 チャレンジしないことを選ぶ？

　教育者は、チャレンジバイチョイスがあると生徒がチャレンジしないことを選ぶのではないかと心配してしまいますが、実際は、チャレンジバイチョイスは、参加しないことを選ぶのではなく、参加者に選択肢を与え、自分のコンフォートゾーン（自分が安心できる場所）から一歩外に出やすいように

するものです。例えば、天気の良い秋の日、外に出ようとして上着を着ようかどうか迷っているとします。暖かかったら、一日中上着を持ち歩くのは邪魔だけど、家の中からはよくわからない。しかも温度計も天気予報もない。もしここで、一度外に出たらもう家の中に戻って来られないとしたら、迷わずに上着を持っていくでしょう。でも、もしちょっと外に出て、どんな様子か知ることができれば、また戻って必要な装備を揃えることができます。そうなれば、もっと簡単に最初のステップを踏み出すことができます。同じように、チャレンジバイチョイスは、参加者が新しい役割や不慣れな領域に対して、出たり入ったりすることを保証するものです。

　アドベンチャーやコンフォートゾーンの考え方は、生徒が自分たちのコンフォートゾーンから出て見知らぬものへと踏み込む過程（プロセス）をつくります。

　この学びは、新しい情報と出会うサイクルになります。最初の"ストレッチゾーン"では、生徒たちは自分たちのアイデアや答え、試した方法や解決策に完全に自信を持つことができません。新しい情報に対して自信をもつための唯一の方法は、トライアル＆エラーの過程を受け入れ、"完璧な挑戦"へと突き進むことです。"何もしなければ、何も得られない"というアメリカの古いことわざが示す通り、何かすれば少なくとも、"失敗（エラー）"によって学びが起り、見知らぬ知識の領域に踏み込むという"成功"が得られます。

4 "完璧な挑戦"をサポートする

　　　"完璧な挑戦へ"
　　　成長は、逆境の中でも成し遂げることができる
　　　　　　　終わることのない行程（プロセス）
　　　成長は"完璧な挑戦へと突き進む"
　　　　　　　あなた自身の試みによって成し遂げられる
　　　　（Sarah Smeltzer and Joe Petriccone, GOLD NUGGETS、邦訳は未刊行）

　私のファシリテーターとしての、"チャレンジバイチョイス"に関する初

めての、そして本当の経験は、忘れられないものとなりました。私は、1990年にプロジェクト アドベンチャー（PA）アメリカの夏のキャンプ（The Gloucester Museum School）で働き始めました。8～11歳の子どもを担当するジュニアカウンセラーになり、ジュールスという経験豊かなリーダーとペアを組んでいました。ジュールスは、私より子どもの教育に熟知していました。そして私は、長年ロッククライミングをやっていたので、プログラムを安全に行うための技術面を担当していました。私たちは、とても良いチームでした。

　2回目か3回目のキャンプの時、アイアンレイルというPAが初めて作った研修施設に行くことになっていたその日、ジュールスはインフルエンザにかかっていました。キャンプディレクターは、私のロープスコースの経験を知っていましたし、私自身もジュールスがいなくても問題ないと思い、予定通り行く事にしました。午前中はとてもうまくいき、ウォームアップも私の少ない経験にしてはよくできました。子どもたちも、ローエレメントやイニシアティブを集中してやっていました。お昼になり、グループは、古い家屋のブロック製の煙突に設置されたクライミングウォールがつくり出す影の所で座っていました。子どもたちは、早くクライミングがしたくて、持ってきたお弁当、サンドウィッチやリンゴ、クッキー、ジュースなどを急いで食べていました。私もロープワークを含む自分の得意分野であるクライミング（自分にとってのコンフォートゾーン）に戻るのが楽しみでした。

　その日は、同じキャンプから他に2～3グループが来ていました。午前中は別々に活動し、午後は私のグループは、12～13歳の子どもたちと一緒にクライミングをすることになりました。クライミングを始めると、最初の一時間、マイケルの番までは、すべては私が望んでいたとおりに進みました。12～13歳のグループのマイケルは、丸太渡り（Cat Walk）に挑戦しようとして、ポールに打ち付けられているステイプルを登っていきましたが、丸太渡りの丸太に登れず、ステイプルにしがみついて立ち往生してしまいました。他の子どもたちは、「行け、行けー！」「がんばれマイケル！」とみんなでマイケルを励ましています。みんなのサポートの声が森中にこだましていました。その時、私は他のエレメントのビレイをしながら、その状況を見ていま

した。マイケルをビレイしていたカウンセラーが私を呼んだので、自分のビレイが終わった後、どうしたのか見に行きました。「マイケルは降りたがっている。どうすればいいと思う？」とマイケルのカウンセラーが聞きました。指導者が不安に思う瞬間です。私はなんと言っていいのかわかりませんでした。「うーん。彼はずいぶん長い間あそこにいるね」と答えました。「下におりたいよ」とマイケルが木の上から言いました。「できるよ！　あと少しだ！」子どもたちが励まします。「できないよ！」マイケルがまた叫びます。

　彼の自尊感情を尊重したうえで、彼にとって何が最善の方法なのか一生懸命考えたことを今でも覚えています。厳しい指導者に強く背中を押されて何かを達成することによって新しい能力を発見するという方法も知っていましたが、PAではこのような場合どうするのかを、当時の私は知りませんでした。

　もしチャレンジバイチョイスを知っていたら、すぐに答えは出てきたはずですが、その時はまだチャレンジバイチョイスについて学んでいませんでした。木の上にいるマイケルとビレイをしているカウンセラーを残し、私はすぐ隣にあるPAのオフィスに行きました。そこには、『Islands of Healing』（邦題「アドベンチャーグループカウンセリングの実践」みくに出版）の著者ジム・ショーエルが机に向かっていました。「ジム、今すぐアドバイスが欲しいんだ！」私は状況を説明しました。「そうだね、チャレンジバイチョイスじゃないのかな？」とジムは答えました。ジムは、私が聞いたこともなかった、チャレンジバイチョイスについて話してくれました。

　ジムの説明はシンプルなものでした。実際にどんな言葉で説明をしてくれたかは覚えていませんが、「チャレンジバイチョイスは自分の目標レベルと参加の仕方について自分で決めることができる。もしその子が降りたいと思っているのなら、降ろしてあげなければならないし、いつかまた登る機会を与えてあげなければならない」というようなことを言いました。ジムの説明で意味を知り、急いでマイケルとビレイヤーの元に戻りました。マイケルはステイプルにしがみつき、すすり泣いていました。

　「マイケル、手を少し伸ばして、今よりも高い所に手をついてみないかな？　その後、降りたかったら降りてくるのはどうだろう？　体を休めて、新

しい目標を立てたらまたいつでも戻ることができるからね」

　マイケルは右手を伸ばし、しがみついていた所より少し高い所に手をつきました。その後、マイケルは目に涙を浮かべ、震える手を使って木から降りてきました。彼とチェックイン（体や気持ちの確認）し、少し休みをとりました。元気を取り戻して数分後、もう一度、チェックインしたところ、マイケルは今日はもうハイエレメントをしたくないということを確認しました。私たちはその日、彼ができる役割について話をし、ハイエレメントに挑戦する他の生徒たちに声援を送る係と、ビレイヤーをサポートをするアンカー役を引き受けてもらうことになりました。もし私がもっと早く彼を降ろしてあげることができれば、また勇気を奮い起こして、その日のうちにまた挑戦をすることができたかもしれませんが、彼はその日、ハイエレメントをすることはありませんでした。

　その後、マイケルと私は2回一緒にハイエレメントをする機会がありました。今度は前よりも良い準備ができていました。彼は自分でチャレンジのレベルを選ぶことができること、自分の判断でいつでも降りてくることができることをすでに知っていたので、余計なプレッシャーを感じないで、安心して自分で自分の背中を押すことができました。降りることはいつでもできることと、必要な時には、高い所へ、高い所へと繰り返し挑戦できるということがわかっていたのです。

　1回目、マイケルは、前よりなるべく高い所まで登り、辺りを見回して降りてくるという目標を立てました。2回目は、丸太渡り（Cat Walk）の丸太を全部歩くという目標を立てました。彼は丸太の上に立ち、涙ではなく満面の笑みを浮かべていました。再びマイケルと一緒に活動できたことに深く感謝しています。ここで述べたように、違いは明白です。チャレンジバイチョイスがなければ、マイケルの進歩、成長は止まっていました。彼は震え、恐れ、泣いて、面目を失っていました。チャレンジバイチョイスは、マイケルに自身の目標を立てる能力を与え、彼自身がかなえたかった成功（進歩）を達成し、自分の限界を超えたのです。

　ハイエレメントに登るにしても、数学の公式を紹介するにしても、教育者

としての一番の仕事は子どもたちの知識の幅を広げることを助けることです。生徒自身が未知のもの、慣れ親しんでいないことに手を伸ばし（ストレッチゾーンに飛び込み）、それを獲得することを助けることです。マイケルの話のように、チャレンジバイチョイスは、学びをサポートするための環境をつくり出します。私たち指導者の役割は、生徒たちの挑戦を促し、同時にそれをサポートすることです。次章では、積極的な学びの環境をつくり上げるための方法であるフルバリューを紹介します。

ＰＡ事例（アメリカ）＃１

　オハイオ州コロンバス市、シダーウッド小学校では生徒のアチーブメントテストの得点がプロジェクト　アドベンチャー　プログラムを導入して以来、読解力31％、算数35％も向上した。生徒はこれらの標準テストでさらに能力を伸ばし続けている。同校の平均点は地区、全国、両方の平均点を上回っている。「プロセスが大きな違いを生んでいるのです。生徒は特別な地域から来ているわけではありません。実際全校生徒の63％は低所得家庭の子どもたちです。何をどうやって伝えているかがこの違いを生んでいるのです」（グラスブレナ校長）

PART 3 フルバリューを生かした学びの環境づくり

1 フルバリューとは

1 背景

　1976年、PAアメリカでは、望んだことを達成するためのグループの規範をつくりました。当初、この規範は「軽視しない約束(No-discount Contract)」という名前で呼ばれていました。

　この言葉は、PAアメリカのポール・ラドクリフによってつくられ、リック・メドリックによって文書化されました。グループの目標や目的に逆行するような、人を蔑む行動がグループ活動の中に多くみられる中、この言葉は、PAアメリカで急速に広がりました。この「軽視しない約束」は、2つの要素から成り立っています。

①自分や他者を軽視したり、ばかにしたりしないで、お互いを尊重する。
②目標を設定し、その目標を達成するためにグループのサポートを活用する。

　　　　　　　　(Exploring Islands of Healing, School Maizell, 2002 邦訳は未刊行)

> "それまでの私たちは自分たちの活動が、過程（プロセス）を大切にしているものだということを知りませんでしたが、フルバリューは可能性に満ちていて、今日まで、私たちを様々な方向へと指し示してくれました"
>
> 　　　　　　　　ジム・ショーエル（Exploring Islands of Healing より）

「軽視しない約束」は広く使われていく中で、肯定的な部分を強調し、名前を「フルバリューコントラクト（Full Value Contract）」に変えました。これによって適用範囲が広がり、今までの①軽視しないこと、②目標達成に全力を注ぐことに加えて、「〜したい」というグループとしてどうしたいかという意味あいを加えるようになりました。
　これにはお互いに確認し合う（チェックイン）、正直に、よく聞く、大切にするなどや、フィードバックをする、またそれを素直に受けるということも含むようになりました。PAのプログラムは、抽象的な表現ではなく具体的な行動を目標にします。例えば、「大切にする、尊重する」という言葉が出てきたとします。これだけでは抽象的なので、実際にその行動はどう見えるのかということをみんながわかるようにしていきます。これによってその言葉の持つ意味をグループが話し合い、理解をして、具体的に行動に移せるグループの規範をつくることができます。
　PAのフルバリューの考え方は、世界中の体験型教育プログラムやトレーニングで使われています。グループはフルバリューを使って目標を達成したり、問題を解決することに役立てています。
　フルバリューを言葉で表すと、「フルバリューはグループに、①安全が確保されお互いに尊重し合う行動規範について理解する、創る、②グループの１人ひとりがその規範に意欲的に参加すること、③規範を維持するためにお互いが責任をもつこと」となります。

2 フルバリューをつくる上で大切なこと

　　　"こんな人になりたい"
　　　私が一番好きなのは、
　　　浅瀬でぐずぐずしないで、
　　　頭から飛び込む人
　　　そして、見えないくらいの確かな腕さばきで泳ぐ。
　　　黒く艶々した頭のアザラシが
　　　水につかったボールのように跳ねるみたいに
　　　その場所に自然に溶け込んでいる人。

重い荷車を引く雄牛のように
　　　自分にハーネスをしている人が大好き
　　　水牛のように強い忍耐力で引っ張る
　　　泥の中で引っ張って、物を前に動かす
　　　しなくてはならないことをする人。

　　　何かに没頭している人と共にありたい
　　　収穫のために畑へいく人
　　　列に並んで、袋を運ぶ
　　　ラインに立ち、自分の場所で引っ張り
　　　椅子に座って指示だけする人でも職場を放棄している人でもなく
　　　食べ物を用意しなくてはならない時や、火を灯す時、
　　　みんなと共に働く、そんな人になりたい。
　　　　　　　　　　（Marge Piercy, GOLD NUGGETS より　邦訳は未刊行）

　この文章の中で、パーシーは自身が大切だと思っている"人の価値・質"について書いています。彼女の言葉は「どんな人と私は一緒にいたいの？」「私はどんな人なの？」というような問いかけを残しています。フルバリューをつくっていくということには、この問いかけに似たプロセスがあります。生徒たちは、心と体の両方が安全（安心）でいられる環境をつくれる人はどんな人か、グループにとってどんな人でありたいかを問われます。後で説明するように、フルバリューをつくり上げる活動では、これらの質問の答えをつくっていく作業をします。フルバリューは生徒たちに大切な問いへの答え、努力して達成すること、そして成功にも失敗にも責任をもつように求めます。

3 "時間を守る"〜ニューヨークの高校生プログラムより

　私はニューヨークの複数の公立高校の生徒が集まる多様性プログラムのキャンプを担当していました。アイスブレーカー、イニシアティブなどのお互いを知り合う活動を終えた最初の晩、これからの数日間、自分たちがどんな環境をつくりたいかを決めていくためのフルバリューの活動を行いました。みんなそんなことを考えるのは初めてでした。スタッフが白い布を敷いて、

これから旗を作ることを説明すると、みんなの顔には何だろうという表情が浮かんでいました。マーカーを使って、自分たちの名前と目標を達成するために役立つことを何か書くことになりました。名前を書くのは簡単で、様々なスタイルで名前を書き上げていきました。予想通り、グループの規範を書き上げるのに苦労していました。

プログラムの目標の一つが"異なる文化を学ぶ"であることから、グループはこれからつくり出すフルバリュー環境に関しての突破口を見つけたようです。"尊重する"は、話合いの初期の段階で出てきた考えでした。これは自分たちが他の文化を学ぶのに大切なことだと考えたのです。この言葉を"誰かが自身の体験や文化を話している時は、注意を払い、相容れない違いがあったとしても笑ったりしない"と具体的な形にしました。また"人を傷つけない、侮辱しない"などが自分たちの旗に必要だと考えました。他に"威張った態度をとらない"という意見をベースにして"みんなが参加する"という言葉が生まれました。

生徒たちは、自分たちの思ったことを自由に書き足しました。"いい音楽""美味しいごはん"なども出ました。スタッフは、話が逸れ過ぎたときのみ、話に入るようにしました。布に8個の意見が書かれました。そこで旗づくりを終える前に、"時間通りに"や"時間を守る"みたいなものはどうかと尋ねました。これはグループの体験だから、もし残りの数日のどこかでグループ全員がいなければ、私たちは全員が集まるまで待たなくてはならない。旗には、時間に関することは何も出ていなかったので、提案する必要があると思ったのです。

「それはいらないよ」とある生徒が答えました。「みんな賛成？ それとも違う風に考えている人はいる？」と尋ねましたが返答はありません。「わかった、聞いてみたかっただけだから。今日の活動を終える前に他に何かある？」と尋ねた後、一日の活動を終えました。

翌朝、集合時間にグループの半分は食堂にいませんでした。ぎりぎりに駆け込んできた生徒もいましたが、それでもまだ5人来ていませんでした。来

ていない生徒はどこにいるかを尋ねると、ある生徒が「多分キャビンで寝ているのでは」と言いました。「この暑い中ただ待っているだけなの！」イライラしながら別の生徒が言いました。私は、「陽が当たって暑いね。影があるところに行こうか？」と提案しました。

　ついに生徒たちは寝ている生徒を起こしに行くことに決め、一日中待ち続けることをしなくて済みました。すぐにグループ全員が集まりました。私は最初にやるアクティビティを決めていましたが、生徒たちは、今すぐに旗のことから始めたいというので、それに従いました。
　旗がかけてある食堂に戻りました。壁から外し、"時間通りに集まる"と大きな文字で書きました。私たちのフルバリューの約束（旗づくり）は、グループにとってとても意味がありました。グループの規範が必要なとき、この旗に書く事によって、規範を活用することができることがわかりました。ここから自分たちの決めた指針を行動で示すことによって形にしていきました。もし誰かが期待に反して行動した場合、それをチェックし、変えるためには何が必要かを考えるのはグループの責任です。ファシリテーターとしての役割は、生徒を服従させることではなく、グループの過程（プロセス）を生徒がつくっていくための手助けをすることです。

　上記の例のように、フルバリューの活動は、教育者の仕事をより建設的なものにします。さらに、フルバリューは本当の自己効力感（self-efficacy）をもたらします。
　このグループは時間を管理することを経験し、このことを自然と他のプログラムにも適用させていきました。活動やグループづくりの過程には生徒自身の考えや役割（責任）が重要です。生徒たちは自分たちにとって大切なことだとわかれば一生懸命取り組みます。もし生徒たちが自分たちの意見が尊重されていないと感じているようだったら、旗を取り出し、グループと確認をします。
　もし誰かが自分の意見を正直に言うことが大切だと言ったら、皆で同意し、"正直"というグループの規範を築くことがそのグループのフルバリューになっていきます。フルバリューという考え方は、生徒の発見（"正直に"）を

グループのみんなに伝えやすくするものです。そして皆で納得、理解し、"正直に"というグループの規範が生まれます。

フルバリューは、ファシリテーターがプログラムを動かすのではなく、参加者がプログラムを積極的に自分たちで動かしていくための大きな力になります。

2 フルバリューを自分たちの言葉でつくる

お互いを尊重する環境（フルバリュー環境）をつくるために、グループのメンバー全員が参加して、自分たちの言葉でグループの約束（フルバリュー）をつくります。"旗"、"ビーイング（Part 6で紹介）"、"手の輪（参加者全員の手の形を書いて、その中に目標などを書く方法）"などのフルバリューを目的とした活動は、参加者からの意見によってつくられます。

参加者の意見や考えを元にフルバリューをつくり上げるので、グループが大切に思っていることと自分の規範が一致します。これらの方法によってつくられたフルバリューは、1人ひとりにとって意味があり、みんながそれに向かって最大限の努力ができるようなグループの規範となります。既成の目標が書かれた紙に参加者がサインをするだけの方法や、フルバリューがファシリテーターによって提案されたのでは、グループにとっての約束ということが理解されなかったり、意味がなくなったりしてしまうことがあります。

自分たち独自のフルバリューをつくるチャレンジ（活動）をする場合、最初はいろいろな言葉や項目が出てきてしまいます。「目標を達成するためにこのグループに必要なことは何ですか？」というような問いは、多くのグループにとって難しい質問です。質問の意味が広すぎてどう対応していいかわからないのです。

「一生懸命に、安全に、公平に、楽しく（Play Hard, Play Safe, Play Fair and Have Fun）」というフルバリューの原則を短い言葉にした表（キャッチフレーズ）があります。このような表は小さな子どもたちと行う活動に使うと、フルバリューが実践しやすくなります。

> Play Hard（一生懸命に）
> Play Safe（安全に）
> Play Fair（公平に）
> Have Fun（楽しく）

　このような短い言葉になっているフルバリューをはじめに使って、その後グループが自分たちのフルバリューをつくる方法をとると、子どもたちにとって心地よい親しみのある空間をつくりやすくなります。グループが"グループの規範（約束）"というものに慣れてくると、どんなグループになりたいのかを話しやすい環境ができ上がっていきます。

　PAの歴史の初期段階から、アドベンチャーの活動自体は、体験全体の一部でしかないということが明らかになっています。アドベンチャー活動と同じように、ヒューマンダイナミクス（人間関係、グループダイナミクス）も学びの環境をつくるものになります。しかしグループの規範について話さないで進めると、プログラムはあらぬ方向へと進んでいきます。フルバリューは、グループが目標を達成するためのグループの規範を意識的につくるための効果的な手法です。

PART 4 目標設定

目標をより身近に

1 目標とは何か

目標が適切に設定されたら、ほぼ半分は到達したことになる。
――アブラハム・リンカーン

普段の生活で目標を持つこと

　目標を持って生活するとか目標設定という言葉を聞くと、身近ではなくわざわざすることのような気がしますが、実はそうではなく、「こうしよう」という未来に向かった思い＝志向は、常に私たちの日常にあふれていますし、なくてはならないものです。

　私たちの日常はそのような小さな目標を立てることであふれています。例えば、仕事でも「今日はこれとこれとこれを家に帰るまでに終わらせよう」というようなことは毎日のように実行しています。健康が気になるなら、「このごろコレステロールが高いから、今週はちょっと油っぽいものを控えめにしよう」などと考えることもあるでしょう。「○○しよう」「○○したい」「こうなりたい」は私たちの今と未来をつなげている重要な意思表示なのです。

目標とは何か

　目標とは、私たちが今から未来に向かって意思表示していくことです。今から未来への道を想定すると、目標は未来にあるたどり着きたい最終地点（目的）までの道程の具体的な道しるべです。1人ひとりの人生は同じものが一つとないユニークなものであり、その通っていく道もまた人それぞれ違って

います。そして目標の立て方も1人ひとりユニークなものになるでしょう。

一方で、目標を立てるうえでのコツやヒントを知っておくことは、目標をもって進むうえで役に立つのです。

目的と目標

目的は教育などの場面では「ねらい」と言い換えられることもありますし、最終目標といわれることもあります。目的はそのものごとの最終形・最終地点、あるべき姿です。そして、目標はそれまでにたどる道程・プロセスのことです。そのプロセスを具体化し、細分化して達成していくもの、もしくは達成を目指す指標として表されるものです。

例えば、「大リーグ選手になる」と決心した子がいたとします。その決心はその子のこれからたどる最終目標で目的です。大リーグ選手になるには一朝一夕ではだめで、そのためには何が必要か具体化し、実現できるように一歩一歩を細分化しなくてはなりません。まずは、少年野球チームに入る（目標1）、そのチームで一番の選手になる（目標2、投手なのか打者なのか、それとも他なのか）、家族に夢を話すことでサポートを得る（目標3）、家に帰ったら塾の日以外は自主練習する（目標4）、中学校も野球の強い学校を選択する（目標5）……、などいろいろ目標が立てられます。

2 なぜ目標が必要か

　　どの港に入るのかわからなければ、どの風も追い風にはならない。
　　　　　　　　　　　　　　　　　　　　　　　　　　　　　　――セネカ

今まで書いたように個人の日常生活のレベルでも○○しようという意思はとても大切なのですが、人が集まって社会に出て行く基礎を学ぶ学校やその他さまざまな教育の場では、目標は欠かせません。それはあらゆる教育が社会に必要な人材を育てていくという使命があり、一定の意図を持つからこそ、成り立っているからです。上記の言葉のように、目標がなければ、進む方向がわからず進めないのです。目標を立てて、日々生活していくことが社会をつくる大人にとって必要不可欠ならば、教育とはよい目標を立てられる人を

育てることが目的ともいえるのではないでしょうか。

目標あれこれ―1年の計は元旦にありと3日坊主

　ここで、よい目標とそうでもない目標とを考えてみましょう。この項目を考えた時、「一年の計は元旦にあり」と「3日坊主」が思い浮かびます。誰でも何かのきっかけでお正月に今年の目標を立てたことがあるのではないでしょうか。

　私はある年、元日に「毎日日記をつける」と決め、日記をつけ始めました。日記は何日か続きましたが、早くも学校が始まって最初の休み＝成人の日を最後にその後は書かれることはなく、日記帳もすぐにどこかにいってしまいました。典型的な3日坊主の例です。その日記帳はどうなったかというと、数年後の引越しの整理中に発見されました。荷物が多くなるという理由で、その日記帳は引越し先に同行することもなく、私のその後の人生には関係がなくなりました。かわいそうな日記帳です。

　まず、「毎日日記をつける」というのは、具体的で目標としては申し分ないのですが、当時の私にとって、それほど重要性がありませんでした。そして、「毎日」はとても大きなチャレンジでした。農業を営む家で夕方から家族で一緒に過ごすという環境では、その日の出来事を作業中の父に話し、母やほかの家族に台所で話してしまえば、子どもとしてはすっきりしてしまって、日記に書くことは残っていなかったのです。そして「毎日」という一言にプレッシャーを感じて、どんどんストレスになり、いやになってしまったのでしょう。そして、できないことに焦点が当たってしまい、つらくなったのです。

　ある年の元旦の目標は、「毎日お手伝いをする」でした。それは、私が小学校2年生の時です。この時はその他の時と違って、母にそのことを宣言し、まず自分のできそうなお手伝いは何かを聞きました。そして、母が提案してくれたいくつか（雑巾がけ、玄関の掃除、洗濯物の取込み、米研ぎ）のうち、「米研ぎ」をとにかく頑張ってみることにしました。

　そして、その日以来、特別な行事や体調の悪い時を除いて、19歳で家を巣立つまでは米研ぎは私の仕事になりました。これを選んだのは、他のものに比べてやりがいがあったからです。「できるかな、できないかな」と考え

た時、他のものは（自分の行いを考えると）「続かないだろうな」が多かったのに比べて「やれるかもしれない」「とにかくがんばってみよう」と思えたのです。そして、食いしん坊の私には、おいしいお米を食べることはとても大切で、米研ぎによってご飯の味が変わることもわかると、米研ぎすることが義務から、興味深く楽しいことに変わっていったのです。興味があると、たいていの人はそれに関するアンテナを張りますから、お米や米研ぎについていろいろ学ぶようにもなりました。

　目標について整理してみましょう。まず、目標を持つ本人にとって意味のあるものでなければなりません。そして、それが重要だと本人が自覚できることが大切です。これはいわゆる本人が目標を自分にとって必要なこと、意味のあることだという感覚をもち、過程（プロセス）に責任を感じるという学びの所有化です。これによって、その人は試験を過ぎれば忘れてしまう用語や公式ではなく、学びを真の意味で「身につける」ことができるのです。この学ぶ人本人の学びの所有と自己責任は、後述する体験から学ぶ＝体験学習の基礎です。

　目標は、目的に向かってのステップですから、いろいろと細分化できるでしょう。頑張らないといけないものにすることによって、適度のストレスがかかり、「がんばろう」という気持ちになるのです。そして、だれでも目標を持って過ごすには周りからの理解、サポートや導きが必要です。目標の方向を見失ったとき、あきらめかけたとき、周りからのフィードバックや支援、助けによって、目標の再設定・進み続ける勇気を得ることができるからです。そして、著しい成長の最中の子どもには大人よりも、より繊細な支援が必要とされるでしょう。これは発達段階を加味するからであり、子どもと大人では獲得できる情報量とそれに基づいて判断を下すことについての適正さ・慣れが違うと考えられるためです。

3 アドベンチャーと目標設定

1 目標の立て方

　"アドベンチャーを通して学ぶ"とは取り組み方、プロセスであり、

活動や体験のみをさすものではありません。どのような体験も気分転換になったり、楽しめたり、惹き込まれる魅力があります。しかし、意味のある学びやそれを日常へ転移するためには、活動（体験）をどう枠づけし、実行し、振り返るかが重要なのです。

プロジェクト アドベンチャー、APマニュアル（2003年改訂版より抜粋）

どうしたら、目標を立てられるのでしょうか。目標を考えるうえで次のようなことを考えます。

・それは目標を立てる私にとって重要なことか
・それは頑張らないとできないことか（×どうやったってできる気がしない、すぐできて・あきてしまう）
・それにはどうサポートを得られるか
・それは社会的に肯定できることか
・それは没頭できることか

後半の2つについて説明しましょう。目標は大前提として人がより良くなるために立てる、それが人に危害を加えるものではいけないということです。例えば、「誰にもわからないように万引きがうまくなる」は、この場合、適切な目標とはいえません。最後の楽しいかどうかですが、この場合、楽しいとは、はしゃぎ回ることではなく（時として、はしゃぐことが大切なときもありますが）、目標のためには苦しみを伴うが、本人の意思で目標のためにはそれもあえて受け入れるばかりでなく没頭できるという意味の楽しさです。

2 目標を立てるコツ：SMARTガイドライン

目標を立てる指針として、下記のようなことを頭に入れておくと助けになるでしょう。次に示すSMARTは、英語の頭がいいという意味のsmartをもじって、プロジェクト アドベンチャー（PA）で使っているものです。まとめていえば、目標をより具体的にすることによって、より現実味のある、達成可能なものにすることを目指したものです。

Specific ＝その目標は具体的ですか？
Measurable ＝その目標は何らかの形で計ることができますか？
Achievable ＝その目標は達成可能ですか？
Relevant ＝その目標は適切ですか、今の生活や状況に関連していますか？
Trackable ＝その目標はプロセスが追跡できますか？

　SMART ゴールガイドラインは、Kenneth Blanchard の *Leadership and the One Minute Manager* と、Billy B. Sharp with Claire Cox の *Choose Success: How To Set and Achieve All Your Goals* を参考に作成されたものです。

具体的に（Specific）

　目標に自分の注意を 100％向けるには、目標が明確に定義されていることが大切です。目標をなるべく絞るのもいい考えです。それは、「こっちがだめならこっち」というような代替的な目標を持つと結局は何もしないことになりえるからです。しかし、ある目標にこだわって自由が利かない、目標を変えてはいけないということではありません。大切なのは、明確な目的を持つことです。もしもその目標が達成できた・意味が変わってしまった・意義がなくなってしまったら、代わりに新しい目標を立てればいいのです。
　具体的な目標は、周囲の人からその目標を立てた人に注意が向き、観察やフィードバックを通じて支援を得ることもできます。

測定可能な（Measurable）

　時間という枠組みや数量として計れるように目標を考えるのも良いアイデアです。
　例えば、あなたの目標は今週論文を書くことだとします。それを測定可能にすると「次の月曜日の午前 3 時までに 20 ページ仕上げます」となります。具体的に数量で目標を立てることができます。
　この方法だと、その月曜日がきた時には、達成できたかどうかは明らかです。

達成可能な（Achievable）

自分に与えられた能力と時間の範囲で、現実的で達成可能なものにすること。

動機づけというより、現実には不可能で困難すぎるような目標を立てるのは賢いことではありません。

例えば、あなたがもし自他共に認める運動が苦手な40歳代だったとしたら、6ヶ月以内に100mを11秒で走れるようになるという目標はばかげているでしょうし、非現実的で達成可能とはいえません。

関連している（Relevant）

今直面している問題に焦点を当て、目標には関連性を持たせる（現実味のある）ことを意識しましょう。もしも、長い目で見れば全体的なパフォーマンスに肯定的な変化をもたらすことであっても、現実的な問題に焦点を当てたものでなければ、関連性を感じにくいからです。

追跡可能な（Trackable）

目標達成の進行具合をモニター（確認）することも良い方法です。そうするには、頻繁に経過（パフォーマンス）を追跡することが大切です。つまり、追跡記録するシステムが必要になります。

例えば、月間報告や時間シート（時間軸を使ったグラフ的なもの）などは容易に追跡できるシステムですし、目標を確認し合えるパートナーや、仲間を持つのもよいでしょう。

4 指導者としての目標の立て方

目標とは、計画や案の中で最初に書かれることが多い項目です。プログラムをつくるときや授業をするときに、「何のために」と考えることともいえるでしょう。目的（ねらい）と目標が書かれることもあるでしょう。ねらいと目標は授業・プログラムなど何らかの意図を持った体験のためには欠かせないのです。

ねらいはそのプログラムや授業自体の目的（何をねらっているのか）を明

記しますが、目標は、「参加者（もしくは学習者）は…」で始まる文章で考えましょう。こう書くことによって学習の主体を指導者が自覚し、役割と仕事を認識する助けになるからです。

様々な学校で広く使われているスタイルとは違いがあります。一般的に学校教育では授業案に「児童（もしくは生徒）に○○させる」という目標を書きます。

このスタイルでは、誰がという主体（主語）は教員です。学習支援者が中心になったスタイル、つまり先生や授業が中心になって、肝心の学習者が主体に従属する形になります。「参加者が○○する」だと、学習者が中心になります。

PAは体験学習（体験から学ぶこと）を意識したプログラムであり、体験教育は体験者がどう学ぶかに焦点を当て、学習者中心のアプローチをとります。こう書くことを奨励するのは、指導者にとって視点を明確にでき、より良い学習者主体の学びを促すことになるからです。同じことでもどの視点で述べるかで、人の心理に影響するからです。

流れとしては：
| 何を：ねらい |
| 何のために：目標（参加者を主語にして文章化する） |
| どうやって：手段 |
実施後
| 具体的に振り返って次に生かす： |
何がうまくいき何がうまくいかなかったか、学習者の様子はどうだったか、今起こったことを次回にどう生かすか
となります。

　　　　すべての体験が教育的であるとは限らない
　　　　　　　　　　　　　　—ジョン・デューイ

人の生活はあらゆる体験からできています。そして人はそれらの体験から学んでいきます。体験教育の基礎となる考え方・哲学を提供したデューイが上記で述べているように、教育的な体験とはどのようなことかを考え、体験

を提供するときは目的と目標、学習者（参加者）の状態を知って、良い学びの機会を提供することは、ある意味で指導者の責任です。

　それだけでなく、学びを真の意味で人の記憶や応用力として残るような工夫も必要です。そして学びのプロセスに学びの主体者である学習者を招く努力も欠かすことができません。この後に述べる体験学習のサイクルなどは、実際の教育に生かすことができる大変有効なツールです。是非、参考にして生かしてください。

　これに関連して、"HOW"（どうするか）に役立つことだけではなく、"WHY"（なぜ）を追求することも大切です。つまり、学ぶとは何かを改めて考えてみることも役に立つでしょう。

　大脳生理学分野での学びの研究などにアンテナを張っておくことも大切です。この研究分野は今盛んに行われています。例えば、Caine, R. N. & Caine, G.(1994) の *Making Connections : Teaching and the human brain* では、脳とストレスの関係、脳と学びの研究をまとめてあり、教育に関わる人には役立つ本です。脳に関する本は、日本でも数々出ていますので、ご一読されることをお勧めします。学びと学びの主体である人間の脳・体と結びつけて考えることは、教育者にとって決して無駄になることではありません。

　そして人によっては、どう学ぶのか、などの疑問も湧いてきます。大脳生理学と認知心理学の立場から、学び方の研究がされています。1人ひとりの学び方のチャンネルには個性があるという理論があります。詳しくは、Gardner, H.(2001). MI：個性を生かす多重知能の理論（新曜社）、などが参考になります。

　PAを入口にした学びは、学習者にとってはもちろんですが、指導者にとっても、わくわくするような楽しさを与えてくれるのです。

PART 5 体験から学ぶということ

体験学習のサイクル

1 体験学習のサイクルとは何か

見たことは忘れる。
　　　　聞いたことは覚えている。
　　　　　　　　やったことは理解する。
　　　　　　　　　　　　―中国のことわざ―

下記の体験学習のサイクル（The Experiential Learning Cycle=ELC）は、

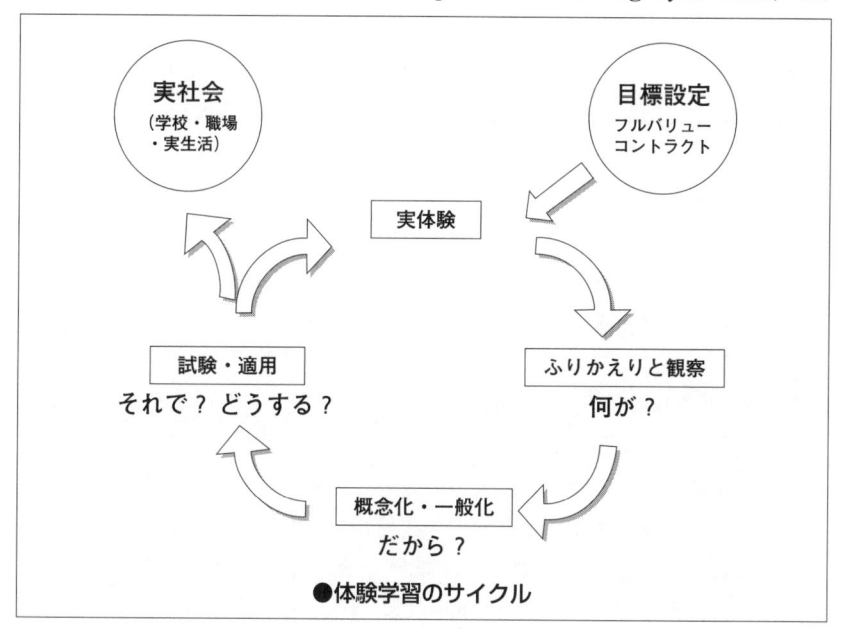

```
        実社会                    目標設定
     （学校・職場              フルバリュー
      ・実生活）               コントラクト

                    実体験

     試験・適用              ふりかえりと観察
    それで？どうする？           何が？

              概念化・一般化
                 だから？

            ●体験学習のサイクル
```

ディビット・コルブ（David Kolb、1968）の提唱した—4段階の過程で起こる学びは最も効果的である—という理論を土台にしています。それぞれの段階は、①実際の体験、②ふりかえりを含む観察、③（抽象的な）概念化、そして④積極的な実験（適用）にまとめられ、学習の段階を成しています。

　それでは、一つひとつの段階を細かく見てみましょう。まず、「ふりかえり」という言葉は、前頁の図の「ふりかえりと観察」から「試験・適用」までの流れ全体を指す抽象表現でもあるのですが、このサイクルではその一部として使用しています。

何が？（事実を思い出そう）：ふりかえりと観察

　今の体験で何が起きていたのか、何が発言されていたのか、誰が何をしていたのか、事実を導き出す段階です。その場で起きたことが重要なこと、学びの種になるようなことが起きていたとしても、その事実を認識しなくては何も起こりません。事実の再認識は学びの糸口となるふりかえりの重要なステップです。この段階を「何が？」の段階と覚えておくと使いやすいでしょう。

だから？（どう思った・どう感じた・どう考えた？）：概念化・一般化＝意味づけ

　前段階の事実認識に関しての意味づけです。そこにいる人たち（グループ）によって、意味づけされ、感じたこと考えたことはその人たち独自のものになります。いわゆる抽象概念の形成ということもできます。ここで、学ぶ側にはこれは自分に起こったことであるという学びの所有化を促すことになります。ではここから何を学んでどう生かすかの前段階として、「だから？」の段階（意味づけの段階）と覚えておくと使いやすいでしょう。

それで？　どうする？：試験・適用＝アクションプランを立てる

　前の段階までで事実を認識し、自分たちにとってそれがどのような意味を持つのかを認識しました。それだけで終わってしまい、次に何も変えようとしなかったら学びを生かすことができません。もし事実が必ずしも肯定的な結果ではなかったとき、この「それで？　どうする？」ということに触れなければ、後悔や過ぎ去ったことについて未消化のまま終わってしまうかもし

れません。その体験を基に、次はどうするのかのアクションプラン（行動計画）を立てることが、学ぶことです。この段階も欠かすことのできない大切なものです。「それで、どうする？」の段階と覚えておくと使いやすいでしょう。

　これまで細かくステップを見てきましたが、このサイクルと段階を頭に入れて体験を提供することが大切です。毎回体験を振り返る必要もありませんし、不用意にふりかえりの機会を設けすぎると学ぶ側にとってはふりかえりの押し売りと感じられることがあります。しかし、ここは重要とあらかじめ想定したポイントや、体験によって個人やグループに何か起きたとき、変化があるとき、指導者として体験を振り返りましょう。学びのチャンスを逃さないためにぜひふりかえりをしてください。そのときには、このふりかえりの段階が役立ちます。どうしていいかわからないときは、このサイクルを思い出してください。

体験学習のサイクルは再びめぐってくる

　体験から学ぶということはトライアル＆エラーのサイクルを繰り返すことだともいえるでしょう。体験者はそのサイクルを繰り返しながらその意味を考え、それを受けて次にどうするかを考えながら次の体験に臨むことで、学びを獲得していきます。そして、体験を学びとするために指導者は何ができるか、指導者側からのアプローチ（ふりかえりに関する知識、体験からの学び）について取り上げました。

　それに加えて注意してほしいのは、学びのチャンスは一回で終わりでなくまた巡ってくるということです。つまり、体験者が体験を重ねることによって気づいたり表面に出てきたけれど、ある時には解決あるいは納得できなかったことは、次のチャンスがくるということです。その事柄に触れないようにしても、それは取り出して吟味（ふりかえり）しないかぎりは未解決のまま残るのです。例えば、自分のリーダーシップにひっかかりを感じたら、次のリーダーシップを取るチャンスでは、自分のリーダーシップの取り方に焦点を当てるでしょう。何かを共同で行うときにコミュニケーションの難しさを感じたグループは、次の共同作業でもコミュニケーションに関して何かを

感じるであろうということです。

　ですから、指導者として覚えておく必要があるのは、①学びのチャンスは一回かぎりでなくまたやってくるということと、可能であれば、②参加者（体験者）がひっかかったことについては、次のチャンスを提供する必要があるということです。体験の中で参加者の言動からある事柄がクローズアップされたのに学びのチャンスを逃がしたからといって、慌てたり指導者としての自らの至らなさや指導力のなさを感じる必要はありません。次の機会を提供することに努力すればよいのです。その次のチャンスにこそ、体験学習のサイクルにそって体験を振り返って、参加者自らの学びを促せばいいのです。短期間で自分の指導が終わるときは、次の指導者に状況を説明し、学びを生かしてもらえるよう、具体的なアイデアなども出しながら引き継ぐのもよいでしょう。

　指導者は、体験の中で何が起こっているかをどう感じ取れるかが重要になります。それに役立つようなガイドラインや考え方はPart 7「プログラムの流れ」に詳しく書いてありますので、参考にしてください。

2 体験学習のサイクルの実際例

1 小学高学年〜中学3年生までの異年齢グループ

　ロープスコースでの1日プログラムでした。このグループは月に2度程度集まり活動しているグループです。それぞれに特徴があって、一般的な学校のクラスよりもにぎやかで、時々走り回ってストレスを発散する子どもたちもいます。最初は追いかけっこなどを行った後、ジャイアントシーソーという大きな板のシーソーでの活動などを行っていました。ジャイアントシーソーでは、全員が乗るまでに板が何回地面についていいことにするという目標を決めましたが、目標を達成することができませんでした。

　その時、A君からの提案で、全員で1回も地面につかないで挑戦してみたいという申し出があり、全員が集まって始まりました。最後のほうは集中力が切れてしまったのか、結局はうまくできなかったのですが、自分たちでやってみようという積極的な関わり、自分たちで考えてやってみると楽しいと

いう雰囲気になりました。そして最後の活動として、溶岩島を脱出するという設定で川渡り（ニトロクロッシング、A地点からB地点までぶら下がっているロープを使ってスイングして移動する）を行いました。ぶら下がっているロープをスイングするのは年齢に関わらず楽しいものです。集中して行い、全員が脱出できましたので、もう1回やりたいということになりました。

おそらく身体接触も気にせず楽しくなってきたので、ふざけてしまい、B君とC君がじゃれていて、C君（小学5年生）がスタート地点の高さ30cmくらいに渡してあったバーの上に落ち、青あざができてしまいました。その時、びっくりしてみんなの行動が止まりました。B君とC君のやり取りと2人の様子を確認し、C君の状態を確認した後、全員で活動を一時停止し、何が起こったのかを確認し〈ふりかえりと観察＝事実の確認〉、続けるかどうかと今起こったことをどう生かすかを話し合いました。そこで出てきたのは、見ていたら怖かった・ふざけてやると危ないという意見〈概念化・一般化＝意味づけ〉でした。同時に全員が脱出するまで続けたいという意見が出たので、では、どうしたらいいかと聞いたところ、やっている時にふざけない・島に渡る時は脱出先の仲間の準備ができているかどうかを確認して行くことにしました〈試験・適用〉。そしてバーが落ちたら、全員戻ってくるという設定でもう一度挑戦し、無事成功できました。

ふりかえりでは、楽しかった、疲れた、気持ちよかった、苦労したけど頑張ったなどという意見が聞かれました。またやりたいという意見も出ていたので、満足感は高かったようです。

2 指導者としての体験学習のサイクル

私自身の指導者としての体験学習のサイクルを例にとってみましょう。この体験学習のサイクルを参考に私自身も体験を学びに変える努力をしています。指導者としてある研修プログラムに赴く場合は、プログラムの目的にそってプログラムの目標を定め準備をして当日を迎えます。場合によっては、予定していたことができなかったり、予想外の事態になることもあります。実は、指導者は学びのきっかけとして学びの場（体験）を提供することはできますが、その中身までは実際に起こってみないとわからないのです。その場合、今起きたことが重要だと感じられれば、そこで振り返り、学びを共有

することになります。

さてプログラムが終わった後は、私は、参加者と体験を振り返るばかりでなく、指導者である自分自身のふりかえりもします。例えば移動中に時間をとって、今日何が起こったのか（ふりかえりと観察＝事実の洗い出し）、そして自分はどの場面でどのようなことを感じたか（概念化・一般化＝意味づけ）、そしてそれを次のチャンスにどう生かすのか（試験・適用）を考えます。そうすると、自分にとって気になっていることをより鮮明に捉えることができ、たとえうまくいかなかったことでも、せっかくのチャンスを逃さない・無駄にしないことができるのです。私の場合は、ファシリテーションノートに書き出します。例えば、先日あった例ですが、指導者向けのプログラムで、理論の説明がうまく伝わらなかったことがありました。それは偶然にも体験学習のサイクルの説明です。

「体験から学ぶ、を体験する」というテーマのもと体験し、プログラムの終了の前にまとめとして体験学習サイクルを話したのですが、参加者の反応が予想より低かったことを感じました。参加者は地域で自然を題材に子どもを育てようと集まった方たちでした。これから指導者になる人たちなので、体験学習の考え方には初めて触れるのです。この日のことを自分で振り返ってみると、私は説明の時、参加者の実際の体験を例にとって話していましたが、指導者は何をどうするかという視点から話していました。しかし、そこでそれぞれの段階で体験者本人の中ではどのような事が起こっているのか、どのような意味があるかということの視点では話さなかったのです。もしもその時、そのような参加者の視点での話をしていれば、参加者は自分の中で関連づけ（意味づけ）ができたのです。このプログラムのふりかえりによって、私が導き出した次回への試験・適用は、体験学習のサイクルを体験者の視点で説明する部分も忘れず追加するというものです。

指導者になった当初からこのサイクルを意識して、ふりかえりをしていたわけではありません。ロープスコースなどの指導で、うまくいったとか楽しかったという日と、終わっても気分が良くない日もありました。その時、最初のうちは全体的なものに気がとられていて、具体的に原因を突き止められませんでした。しかし、指導経験を重ねこのようなふりかえりを繰り返すうちに、より焦点を絞ることができるようになりました。そして、あえて気

になることには向き合おうと、体験を流さずにきちんと振り返る作業を始めました。それが、ファシリテーションノートの活用です。これは、ときによってあまり楽しい作業ではないこともあります。特に、プログラムがうまくいかなかったときがそうです。

人は、繰り返して体験しても必ずしもそれを学びに変えられるわけではありません。同じ行動パターンで（望ましくない）同じ結果を繰り返した経験はありませんか？ それは何故でしょうか。一つの原因はこのように考えられるのではないでしょうか。つまり、体験を学びに変えるには、適切なふりかえりと次への準備・行動計画（つまり目標）を参加者（体験者）自身が意識化することが必要だということです。そうです、意識して体験学習の「サイクル」を回すことが重要なのです。

3 アドベンチャーウェーブ— 体験の流れと学び

1 体験の組合せ＝流れを考える

体験には変化・成長を起こす力があります。それを教育に使うには、より効果的な学びを演出したいと思うのは自然な考えといえるでしょう。活動そのものにも流れがあります。それを図で表すと下記のようになります。これがアドベンチャーウェーブです。

アドベンチャーウェーブは活動などの流れを説明しています。

最初は、活動の「枠づけ（導入・動機づけ、Framing）」です。枠づけに

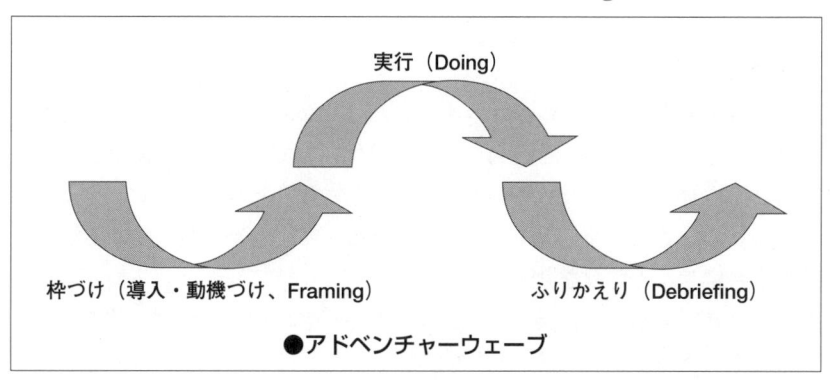

●アドベンチャーウェーブ

実行（Doing）
枠づけ（導入・動機づけ、Framing）
ふりかえり（Debriefing）

は、体験者（参加者）にとって体験から得られる学びを自分たちにとって関連づけしやすいように、課題を比喩化もしくはシナリオという形で活動の導入として伝えるという役割があります。その他に、活動にかかわる詳細（ルールなど）の情報提供も含まれます。「実行（Doing）」は、実際に体験をしてみることです。行動は成功するかもしれないし、失敗するかもしれません。感情、行動が相互に影響しあいます。活動（アクティビティ）はこの流れをつくり出す典型的なものです。

ウェーブの最後は、参加者（学習者）が体験を考察する「ふりかえり（Debriefing）」です。ふりかえりは行ったことから重要な学びを拾い集められるように、行動・言動を確認し、参加者相互の会話や意見・アイデアの交換と共有を促し、参加者個々の内面思考・分析の機会を提供するものです。

ここで気をつけなくてはならないのは、ふりかえりには適度な頻度とやり方の工夫が必要なことです。授業もしくは一連の活動を経た後でこのサイクルが回るよう意識しておくことは指導者として覚えておくべきポイントです。

教育者として、このアドベンチャーウェーブに慣れるには、どこで（じっくりと）振り返り、どこではそのまま流すかを知ることが大切です。それには、今何が起きているのか、よく見、よく聞き、感じることが大切なのです。

2 いろいろな種類の波

アドベンチャーウェーブの考え方はいろいろな形で応用して考えることができます。いくつか見てみましょう。

構成の波

この波の考え方は、1つひとつの活動だけでなく、プログラム自体を大きな流れとして考えておくと便利です。別の言い方でいえば、盛り上がりを設けるとか、ピーク（至高）体験といったりします。指導者はプログラムの盛り上がりとなるような活動を何にして、どのタイミングで持ってくるかという点も考慮しなくてはなりません。

プログラムもしくは授業、プロジェクトの長さに関わらずこの波を意識することが大切です。たとえ40分の授業でも、1日のプログラムでも、1年

にわたるプロジェクトでも、構成の波を意識しましょう。そのとき、下記のようなポイントがあります。
- ・盛り上がり（目標の達成）をいつ・どうするか
- ・そのためには参加者は、指導者はどのような準備が必要か、その準備をいつ・どうするか
- ・自然な流れをつくるにはどうしたらよいか：どのような段階を経て、ピークに至るのか
- ・体験（活動）から得られた学びをいつ・どう振り返るか

参加者個人の波・グループの波

この波の考え方は、参加者（学習者）：受け手の感情の波としても応用して考えることができます。
① それぞれの感情の波：体験に伴って、参加者１人ひとりの気持ちの浮き沈みも波で表すこともできます。ある体験が１人ひとりにとって様々な感情を喚起します。
② グループの盛り上がりの波：グループ感情にも波があります。あるときは盛り上がり、あるときは葛藤するなど、グループの流れを波として考えることもできます。

3 よりよい構成、流れのために活動を分類して考える

活動の流れについてと、その注意点に関しては上記に述べました。その流れの考え方に沿って、活動をより効果的に使っていく場合は、活動を分類して整理すると、活動の配置を考えるうえで非常に役立ちます。詳しくは、第２部のアクティビティ集の前に設けた分類を参考にしてください。

アドベンチャーウェーブを意識して体験を構成していくとき、ちょっとした注意が必要です。それは、活動とその流れが参加者（学習者）にとって、自然でわざとらしくなく無理がないが、わくわくするようなもの・できるかどうかわからないものになるよう指導者が意識し工夫するということです。対象者が未成年の場合は、その発達段階と普段の様子を十分に加味する必要があります。例えば、自分が体験した活動をそのまま自分の参加者に提供しても、その人たちにとっては恥かしいとか、楽しめないものになったりする

という例はよくあることです。不自然なことを繰り返すと、生徒に不安感が募り、「やらされている」という感覚が強くなることにもなりかねません。

　体験から学ぶということは、身につく学び＝成長にもなりますし、自発的な学びを促すことになります。また「生きていくために必要な力」を身につけていくことともいえるでしょう。体験のもつ力ははかりしれません。この章で紹介したのは、その力を最大限に生かす方法・考え方です。十分に生かしていけるよう意識して活用してください。

参 考 文 献

Project Adventure, Inc. (2003)（Project Adventure Japan 訳）. アドベンチャープログラミング（AP）トレーニングマニュアル.＊ AP ワークショップ受講者に配布する資料。
Blanchard, K. (1999). *Leadership and the One Minute Manager*, HarperCollins Business.
Billy B. Sharp with Claire Cox (1970). *Choose Success : How To Set and Achieve All Your Goals.*
Caine, R. N. & Caine, G. (1994). *Making Connections : Teaching and the human brain.* Menlo Park, California : Innovative Learning Publications.
Dale, E. (1969). *Audio-Visual Methods in Teaching.* 3rd Ed., New York : Holt, Rinehart, & Winston.
Gardner, H. (1983). *Frames of Mind : The theory of multiple intelligences* (1993, Tenth anniversary edition, with a new introduction). New York : Basic Books.
Gardner, H. (2001). MI : 個性を生かす多重知能の理論. 松村暢隆訳. 東京：新曜社.
Kolb, D. A. (1968). *Experiential Learning : Experience as the source of learning and development.* Eaglewood Cliffs, NJ : Prentice-Hall, Inc.

PART 6 PAプログラムの活動

1 どんな活動をしているの？

　PAの活動は、ときには見るからにアドベンチャーだと思える活動もありますし、一見すると遊んでいるの？と思える活動や、みんなでじっとして何をしているの？と思うようなものなど様々なタイプの活動があります。また、何もない広場で活動することもあれば、体育館や森の中、そしてロープスコースなどを使って活動することもあり、PAの活動は決まったスタイルがあるわけではありません。目的に合わせて活動場所と活動内容を決めています。つまり、目的に合わせてPAの考え方を使って活動をすれば、どんな活動もPAの活動になってしまうのです。PAの考え方を使って工夫をすれば、山登りだって、キャンプだって、掃除だってPAの活動と呼べるのです。

　どの活動もアドベンチャーの要素が詰まっていて、ドキドキワクワクしてしまうものばかりですが、ときには真剣に自分自身を見つめる機会に出会い、新しく自分について発見したり、驚いたりすることもあります。また、自分と仲間を信じて未知の世界に勇気を出して一歩踏み出す機会も訪れます。まるで映画のテーマソングが耳もとに流れてきそうな瞬間です。人によっては決断の時となり、究極の選択！ということもあるかもしれません。何かにチャレンジする時に不安に押しつぶされそうになりながらも、自分と仲間を信じて一歩踏み出すことは、まさしくアドベンチャーな瞬間といえるのではないでしょうか。

　一歩踏み出してチャレンジしたことで、結果がどうであったかということよりも、チャレンジそのものが学びの機会となり、今までになかった感覚や気持ち、安心感、自信など、体験からの学びがプラスされていきます。そし

て、同じような場面に出くわしたときにそのチャレンジが後押ししてくれて、一歩踏み出しやすくなるのです。その繰り返しでチャレンジすることが楽しくなると、今まで苦手だったから止めようと思っていたものも、見方を変えてチャレンジしてみよう！ という気持ちが湧いてきたりします。予想できないこと、不安なこと、新しいことにチャレンジすることで、体験が自信をもたらして成長の機会とさせてくれるのです。アドベンチャーの魅力はそこにあるのです。

　活動選びは頭を悩ませるものでもありますが、考えるのが楽しみな時間でもあります。目的に合わせて活動を選ぶということは、どんな要素があると良さそうかキーワードを出したり、目的から絞り込んでテーマを決めるとしたら何になるだろうと考えることから始まります。出てくるキーワードは1つではないでしょう。でも、限られた時間の中での活動になりますから、何をポイントにするのかを決めていく必要があります。あれもこれもと盛り込みたくなる気持ちをぐっと押さえて、絞り込んでいきます。沢山の要素を詰め込み過ぎると全体の活動から焦点がどこに合っているのか、体験する側も進める側もわからなくなってしまいます。

　冬の寒い日に身も心も温まるメニューの代表である"鍋料理"を想像してみてください。たくさんの具材が入っていたほうが美味しいですね。でも、材料を決める前に何鍋にするかを先に決めませんか？ 石狩鍋？ キムチ鍋？ まず、何にするかを決めますよね。それと同じで活動選びの前に活動の目的をはっきりとさせます。そして、鍋が決まったら具材をリストアップするのと同じように、目的に合わせた欲しい要素をキーワードにしてあげていきます。また、鍋が決まった時点でスープの味付けをいくつかの味から選びますが、同じように活動全体のテーマを1つに決めます。お鍋も限られた大きさですから、あれもこれもと考えても入りきらないですよね。活動も同じです。時間が決まっていますから、たくさんは入り切らないのです。活動選びに迷ったときには、鍋料理を決めて作り出すまでをイメージして情報を整理してみるとよいかもしれませんね。

　目的に合わせて活動を選び、いよいよチャレンジ！ といきたいところですが、グループの状態はどうでしょうか。アドベンチャーできる環境、雰囲気がどれだけグループにあるかは、大きなポイントです。一緒にいるだけで

精一杯という状態では、一緒にいることがアドベンチャーになってしまいます。安心できる環境をどのようにグループでつくっていけるか、どうしたらそうできるかを考えて行動にうつしながら、本来の目的に向かって行くとグループの中で個々の力が十分に発揮できる機会に恵まれることでしょう。そして、グループの力として力強い自信を得る機会に出会うことでしょう。

この安心できる環境をつくるのにフルバリューコントラクトという考え方を使っています。これは、"1人ひとりが安心して活動に臨めるようにお互いに最大限に尊重しあいましょう"ということを約束とし、その尊重の仕方は1人ひとりが考えて行動しましょうというものです。ポイントは、誰かに決められた約束事ではなくて、尊重の仕方、方法はグループや個人にゆだねられていることです。安心できる環境をつくることは決まっていますが、その約束の具体的なことは自分たちが考えていくのです。自分たちが必要だと思うことを約束事として出し合うことができるというものなのです。

このフルバリューコントラクトを目的に意識してもらうための方法として、ビーイング（Being）というものがあります。自分たちに必要だと思われる約束事を、活動前に確認をして臨んだり、活動中にキーワードとして飛び交わせたり、活動後に自分たちの行動について照らし合わせたりできるように、書き出してグループのメンバーで常に意識を持って行動できるようにしておく方法です。

2 活動例

1 ビーイング（Being）

模造紙を2～3枚用意してセロテープでつなぎ合わせます。グループを象徴するようなポーズやこんな気持ちでいこうよ！　というようなポーズをグループで決めます。そして、メンバーの誰かにモデルとして模造紙の上に乗ってポーズをとってもらいます。そのモデルとしてポーズをとってくれている人の周りをペンでトレースしていきます。服につかない程度に余裕を持ちながら、全員が色々な色で線をつないでいきます。すでに1人ひとりが関わって作っていくことがスタートしているのです。

トレースしてできたひとがたの内側と外側に文字を書いていきます。書き方はグループに合わせて考える必要があります。1つの方法に決まっているわけではありません。グループにとって、どう進めるのが良いのかを考えて進めてください。ここでは、例として2通りの進め方をご紹介します。

書こうと思ったことをまず書いてしまう方法

　ひとがたの内側には"1人ひとりが安心して活動に臨むために必要だと思うこと"、外側には"このことがあると安心して活動に臨めないということ"を書きます。そして、書いたことは自分だけがわかればよいものではなく、メンバーにも書かれたことを理解し、納得して活動に臨んでもらわなければならないので、わからない表現があれば説明をしてもらうようにします。ときには、説明だけでなく具体的でわかりやすい言葉にして書き加えてもらうこともあります。何を意味しているのかをメンバー全員が理解し同意ができたら、自分を含めてメンバー全員がひとがたの内側も外側も書かれたことすべてに同意をしたという意味でそれぞれがサインをひとがたの内側に書きます。

　この方法は、まずは思ったことを書いてしまうということで、リラックスした状態から進めることができます。そして、でてきたことに対して皆で確認し合い、きちんと理解して書かれたことに責任を持とう、という雰囲気が生まれます。

書きたいことをメンバーに伝えて同意を得てから書く方法

　ひとがたの内側には"1人ひとりが安心して活動に臨むために必要だと思うこと"、外側には"このことがあると安心して活動に臨めないということ"を書くのですが、まず書く前に自分が書きたいこととその説明をします。そして、メンバー全員が理解し納得して活動に臨むという同意を得てから書きます。その言葉の近くには全員の同意を得たものという意味で、自分のサインも合わせて書きます。

　この方法は、最初にビーイングにとりかかる時にはメンバーの前で自分の思いを説明することでハードルが高く感じられることがあります。ですが、この方法でビーイングをして活動を進めていくと、自然に自分のタイミング

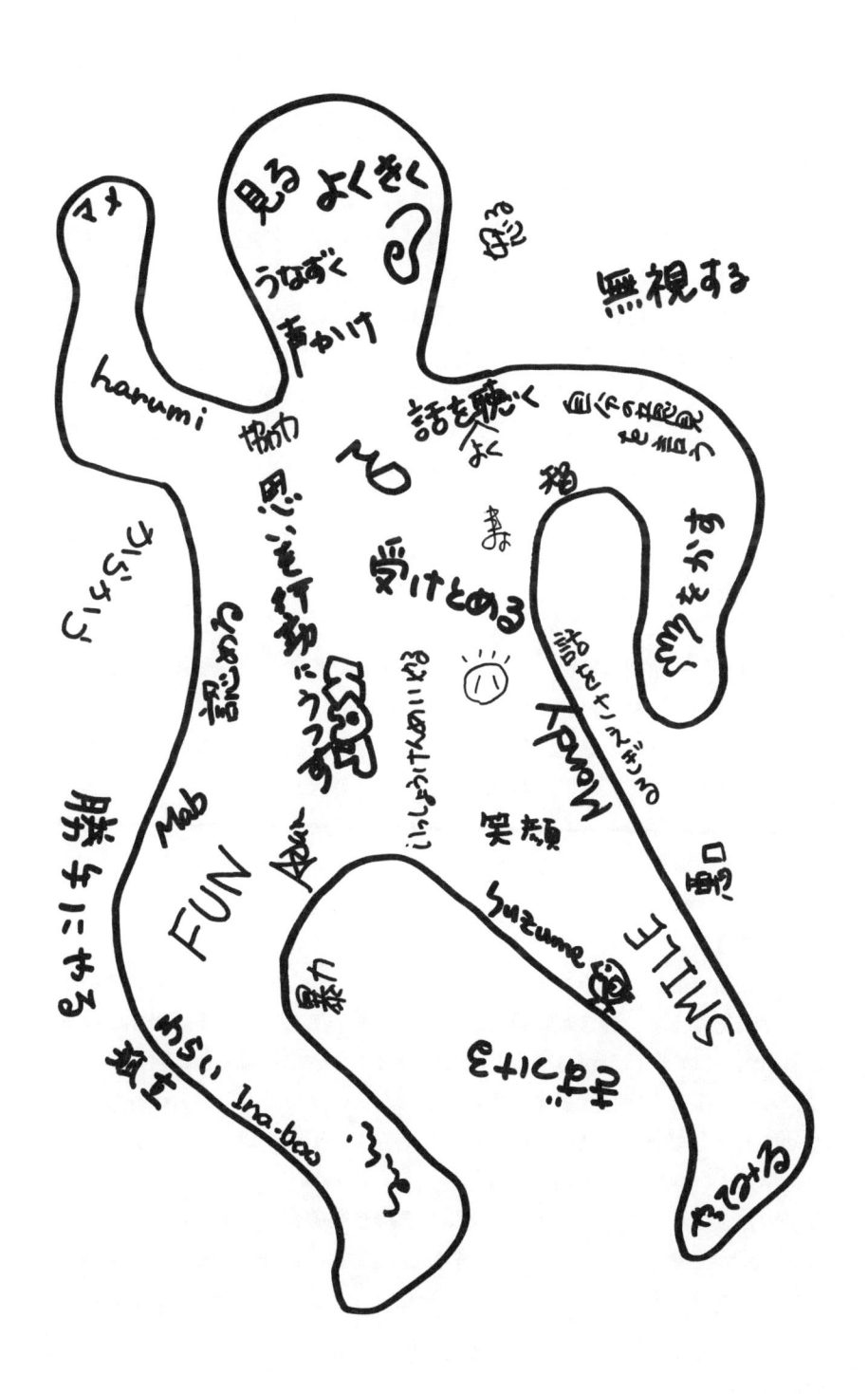

PART6 PAプログラムの活動

で自分の思いを語り、必要だと思うことや考えを伝え合うという雰囲気が生まれてきます。

　２通りの進め方を紹介しましたが、どちらもチャレンジバイチョイスの考え方を生かして進めることが大切です。そして、でき上がったものは、これで完成ではなく、活動中のふりかえり時などに幾度となく必要だと思われることを書き足していきます。
　活動を通してグループが成長していくのと同様に、自分たちが必要とする思いもどんどん成長していきます。スタート時からグループ解散まで続きますので、グループが通っていったプロセスがそこに記されていることになります。

2　ダンス発表に向けてのプログラム例

> **目的**：ダンス発表の練習としてグループ全員で意識と動きを合わせる。
> **この時間のテーマ**：自分と仲間のリズムを感じること。
> **必要な要素**：個々の感覚、動き、リズムの違いを感じられるもの、相手の動きに合わせるもの、合わせることの楽しさを感じるもの。
> **メンバー**：お互いをよく知っている。
> **状況**：ダンス発表に向けてグループで練習を始めている。

＜呼吸の波＞
　輪の状態で活動を始めます。テーマの意識づけから始めてみます。ゆっくりと呼吸を整えて、各自が呼吸に合わせて手を上下してみます。吸う時は下から上へ、はく時は上から下へと、まるで波のようにゆるやかに自分の呼吸に合わせて手を上下させます。急ぐ必要はなく、ゆっくりと自分の呼吸に合わせて上下しながら、他の人の動きを見てみましょう。同じ間隔の人もいれば、早い人、ゆっくりの人もいるでしょう。手を上下させながら、自然な状態での様子をインプットします。次に、そのままの状態で流れを止めることなく全員が手を上下させながら、「全員が意識をして同じ呼吸になるようにしてください」と伝えます。その様子を見守り、全員の手が同じ動きになっ

た所で終えます。

　そこで、意識をしない時と意識をした時の様子を思い出してもらい、「呼吸を合わせて！　息を合わせて！　とよく使っている言葉ですが、具体的にどうすることが、呼吸を合わせることなのかを体験してもらいました。しかも、意識をしていない状態から意識をし合うところを続けて体験してもらったのですが、相談の時間がないまま全員の呼吸が合うまでに自分が意識したことは何でしょう？」と問いかけます。そこで出てきたものを大切に扱い、これからの活動でも、自分と仲間とのリズムを感じることをテーマに活動することを話します。（これは、あくまでもダンス発表に向けてという目的に合わせての意識づけに使っているので、すべての活動でこの始まり方をするわけではありません）

＜ミラーストレッチ＞

　2人組になり、向かい合います。1人が鏡役、1人が鏡の前で動く人になります。鏡から遠く離れないように半径1ｍ範囲くらいで体を伸ばします。体のストレッチしたい、伸ばしたい部所を鏡の前でゆっくりと伸ばしていきます。ゆっくりの加減は、まるで太極拳をイメージするようなゆっくり加減です。鏡役の人は、鏡の前の人の鏡になって同様にストレッチしていきます。よく相手を観察して、鏡になっている自分を意識して伸ばしていきます。ある程度したら、役割を交代して再びストレッチします。

＜リード＆リード＞

　同じくストレッチ系なのですが、今度は向かい合って、お互いの手の平をつけます。足は肩幅くらいに開きます。足の位置をそのままにして、手をつけたまま、片方の人が左右、上下、前後と伸ばしたい部分を伸ばしリードします。もう片方の人は手が離れないように、足も床から離れないようにして動きに合わせていきます。最初はリードする人を決めますが、ある程度したら片方の人がリードするように自然の流れの中で切り替えていきます。いつでもリードをしたり、されたりすることができます。そして、自分の動きに合わせて伸ばしていったり、相手の動きに合わせて伸ばしたりします。途中でリードを変えるときには、言葉で伝える必要はありません。

＜東西南北の風＞

　1人が風の神となり、様々な場所に風を起こします。この1人を中心とし

て他のメンバーが四角く囲みます。自分の両隣り、風の神に対してどこに立っているか（背中側や右手側など）を確認し合います。風の神が気ままに軽く走って移動をして、立ち止まります。すると風の神の周りにいた他のメンバーが走り出すと同時に神を追いかけていき、止まった神の位置に合わせて自分の場所に立ち、同じ辺に属するメンバーと手をつないで手を上にあげます。4つの辺の手が上がると風の神は、また気のおもむくままに走りだします。なるだけ早く神についていき、自分の位置を探します。風の神の役は、何回か交代して楽しみます。

＜バルーンフランティック＞

　風船を1人に2つ用意して膨らまします。1つの風船にはダンスの発表に向けて自分が意識して望むことをペンで書きます。もう1つにはグループで楽しみながらダンスの発表にチャレンジするのに必要だと思うことを書きます。グループメンバー全員が、その作業をします。書いたら、どんなことを書いたのか、2つの風船を持って紹介し合います。メンバー全員が紹介し終えたら、1人ひとりが大事にするのはもちろんですが、全員がその思いを大事にしていくことを確認します。ダンス発表に向けてのグループでのフルバリューコントラクトになります。そして、その思いを大切にしながらも、自分たち自身にチャレンジしていきたいので、グループでこんなチャレンジをしてみます。

　スタートの合図で風船を突き始め、全員の風船をみんなで突いて下に落とさないようにして、タイムを計ります。1人で2つ持っているため、なかなかコントロールが難しいかもしれませんが、仲間の力を借りることができます。大事な思いですから、1つも落とさないようにしたいですね。でも、それは難しいことでもあります。また、突く力加減、タイミングは違いますし、見ている場所も立っている場所も違います。その中で、できるだけ多くの思いに集中して、落とさないようにグループ全員で協力をしていきますが、1つでも落ちてしまったら、そこで動きをストップし、タイムもストップします。できるだけ長く全員の風船が落ちないように突いていくチャレンジです。20分間のチャレンジタイムの中で、どれだけ長く突いていられるか目標を決めてチャレンジします。そこで工夫されたことや感情は、グループメンバーの思いを反映させるのに役立つキーワードが含まれているかもしれません。

振り返って、次の活動とこれからの練習、本番に役立てるものにします。
＜バルーントローリー＞
　先ほど作った2つの風船を使います。スタートから折り返し地点を通ってゴールまでを設定します。スタートから折り返し地点までは個人で意識して臨むことを書いた風船を使い、折り返し地点からゴールまではグループで楽しみながらチャレンジするのに必要なことを書いた風船を使います。メンバーが縦に一列に並びます。用意した風船を自分のお腹と前の人の背中の間に挟みます。先頭の人は、自分の書いた風船をお腹の前に手で押さえておきます。先頭以外の人は手で風船を触ることができません。適度な力をかけて挟まないと落ちてしまいます。落とさないように動きを全体で合わせて折り返し地点まで目指します。落ちてしまったら、先頭の人が一番後ろにつき、2番目にいた人が先頭になります。折り返し地点で風船を取り替えますが、常に挟んでいる風船に書いてあることを意識して行動してゴールを目指します。2人組でふりかえりをします。スタートから折り返し地点間は個人で意識して臨むことと自分の行動について、折り返し地点からゴール間はグループで楽しみながらチャレンジするのに必要なことと自分と仲間の行動についてふりかえります。体験から気づいたことと学んだことを2人で話し、話に出たことをまとめて発表します。
＜ヤートサークル＞
　最後にまとめとして、今までの活動から出てきたものを生かし、自分と仲間というキーワードを使って終わりにします。1つの輪になり、最初の人が「自分」、次の人が「仲間」、次の人が「自分」、次の人が「仲間」と繰り返して一周し、手をつなぎます。「自分」と言った人は「せーの！」で前へ寄り掛かります。「仲間」と言った人は「せーの！」で後ろへ寄り掛かります。力が強すぎても弱すぎてもバランスがくずれます。ピタッと動きを合わせられたら、次の「せーの！」で真直ぐに立った状態に戻ります。そして、次の「せーの！」でさっきと逆に寄り掛かり、次の「せーの！」で真直ぐに立った状態に戻り、終わりです。「せーの！」は、みんなで声をかけます。

3 活動を進める時に大切にしていること

よりよいプログラムを行うために大切にしていることを紹介しますので、活動を進める際に参考にしてください。

予定の活動が変わることも想定して準備する

活動の前に対象とするグループの情報を整理し、活動に必要なものを準備していきます。その中で、もしかしたら、グループの反応によって予定していた活動と違う活動をしたほうがよいと判断する場合があります。その場合に備えて準備することを心がけます。また、このことを意識してグループの様子を観察していないと決めたことを実施することが目的となってしまい、グループに必要な活動ではなくなってしまいます。

1人ひとりが主役になれる瞬間

運動が得意な子、苦手な子、自分について考えるのが好きな子、苦手な子、リズムに合わせて体を動かすのが好きな子、感情表現が得意な子、ビジュアルの表現が好きな子、文章表現が好きな子、様々な特徴、能力を人は持っています。この能力を発揮できる場面があるように、様々な角度からのアプローチを心がけています。1人ひとりが主役になれる瞬間があったらいいなあという思いです。得意な力を発揮して、苦手な部分は協力を得て力としてほしいのです。

グループに合わせた活動を選ぶこと

どんなに効果的な活動もグループに合わせて進めないと逆に辛いばかりです。発達段階に合わせて選ぶことはもちろん、選んだものをグループに合わせて変化させることも大事です。ルールはグループの状態に合わせてアレンジが可能なのです。また、アクティビティを使おうと思ったときに目的とリンクするものがわからない、自分の経験の中にないというときには、自分で目的に合わせたアクティビティをつくったり、活動を考えたりすることもできます。そのときの注意として、グループのメンバーにとって身体も心も安

全であることが何よりも大切です。

安全について考えて活動すること

　すべてのベースにあるのが、安全であることです。安全のうえに成り立っている活動ということなのですが、注意してほしいのは100％安全に保たれたものの中で活動することを意味しているのではありません。どのようにしたら安全に活動できるかを考えて活動するということなのです。チャレンジバイチョイスやフルバリューコントラクトの考えを大切にして、心と身体の両方について考えていきます。何も意識せずにいれば、心も身体もけがをするかもしれません。意識をして準備を整えれば、安全で楽しく心に残る活動となります。けがをするかもしれないの？　と驚かれる方もいるかもしれませんが、けがする場合も無いとは言いきれません。けがをする確率は低いですが、それは、みんなが意識を持って活動に臨むことと、ファシリテーターが安全の確保に最大限の努力をすること、環境に合わせた注意と準備をすること、1人ひとりの体調や気持ちを考えて活動が進められていくことなど、多くの要素が集まってのことです。

　集まっていたとしても偶然の出来事があるかもしれません。例えば、つまずいて転んでしまったりすることなどです。もしも、けがを恐れて活動をしない選択をしても、何ら今までと変わることはありません。そして、選ばなくても日常でけがすることもあるでしょう。でも、同じように考えると体育もスポーツも趣味も旅行も料理も、人と関わることもできなくなってしまいますね。安全について考えて行動し、配慮していくことは生きていくうえでは重要なことだと思います。そのことを身近なアドベンチャー活動から考えていけたら、ゆくゆくは平和な社会への一歩とつながるのではないでしょうか。

おもいきり楽しむこと

　メンバーと共にファシリテーターも一緒になって楽しむことを大切にしています。同じように動くことができなくても気持ちは一緒に動いているくらいに楽しむ気持ちを持っています。楽しさや感情はグループに伝染していきますので、とても大事なことです。グループは自分の鏡となり、気持ちが反映されます。

4 活動を進める時に工夫していること

活動を進める時に工夫していることをいつくか紹介します。

活動がかもし出すメッセージ性を大切にする

　活動それぞれが持っているメッセージ性をうまく使おうと考えています。活動にはどんなものが秘められているのか？　比喩化するとしたら、どんな比喩が使えそうか？　と考えています。活動自体はあえて意味づけしなくても、体験そのものが物語ってくれたりする力をもっています。この比喩をうまく使うには、タイミングとグループを身近に感じるものに例えることが大切です。グループにとってわかりやすいものでないと、「へぇ～それで？」となってしまいます。

活動時の形態

　輪の状態での集合、話合いなどが多いのは、輪であることがコミュニケーションがとりやすい状況だからですが、ずっと輪の状態で活動しているわけではありません。ときにはあえてコミュニケーションのとりづらい一直線上に人が並んだり、小さいグループに分かれてみたり、1人になってみたりと工夫をしています。形態の違いによるコミュニケーションの取り方に変化が出てくるので、それをうまく使うのです。

ファンタジーを使う

　ときにはファンタジーを使わずに活動を進めていきますが、ファンタジーには効果絶大な力があります。アドベンチャーワールドに心地よく引き寄せてくれたり、イメージが膨らんで活動への楽しさが増していきます。使うファンタジーはファシリテーターとグループに合わせて使い分けています。グループに合わせないと「何それ？」とイメージできなくて悲しくなってしまいます。そして、ファシリテーターのキャラクターにも合わせることも大切です。無理をして違うキャラクターになろうとすると自分自身が悲しくなってしまうことがあるからです。

PART 7 プログラムの流れ

1 プログラムの流れ、組み立てを考える

1 プログラムの流れとは？

　活動を始めるのに最初に何をしようか、中盤にどんな活動をしようか、どんな風に終えようか……といろいろなことをイメージしながら、プログラムの目的やテーマ、ねらいなどに沿った流れになるように組み立てていきます。そのプログラムは、お互いに知り合うもの、楽しくて笑いあふれるもの、みんなで力を合わせて協力を必要とするもの、お互いに知恵を出し合い課題を解決するもの、思いきって仲間の支えに頼るものなど、様々なアクティビティが連なって構成されています。

　アクティビティはやみくもにつなげているのではなく、グループの様子に合わせて無理のない流れを意識して組み立てています。グループ全体の雰囲気はもちろんのこと、1人ひとりの表情や態度、メンバー同士の関わり方などをみていくことで、グループの様子を捉えることができるでしょう。メンバー間の心の距離に注目しています。

　そして、アクティビティについても、輪になって活動をするものをいくつかつなげたり、ペアになって活動したら、そのままペアでできる活動をもってきたり、名前を覚えるゲームをしたら、次の活動ではなるべく、その名前をみんなで使えるようなものにするなど、つながりを意識して構成します。

　活動全体を考えたときに、なんとなく平坦に過ごすのではなくて、どこかで達成感があったり、みんなで大さわぎしたりするようなピーク（山場）をつくっていくことを意識していきます。活動開始から終わりを迎える時間の

中で、グループのピークとなる時間がいつ頃で、活動に何がふさわしいかをプログラムがスタートして様々なアクティビティを進めながら、考えていくのです。

一口に流れといっても、様々な視点で考えることができます。いくつもの流れが同時にあるのをどのように束ねて考えて編んでいくのか？ アーティストになった気持ちでトライすると楽しく活動を考えることができるでしょう。

2 活動の段階を踏む

　活動を選ぶとき、どのようなことに配慮して決めればよいのでしょうか？ クラス替えのあった新学期の一番初めにいきなり、さあみんなで手をつないで大きな声で笑ってみましょう！ と言ったら、みんなひいてしまいませんか。いきなり大きな挑戦をすることは大人でも子どもでも怖かったり嫌だなと思うのは同じです。段階を経てからであれば達成することができることでも、順番を間違えてしまうと、達成することができないばかりか、「二度とそんな挑戦したくないよ！」と言われかねません。

　PAのアクティビティは、いくつかのタイプに分けられています。プログラムの初期でも使えるもの、ある程度の関係性ができてからチャレンジすると効果的なものなど様々です。

　例えば、プログラムの始まりには、なんとなくぎこちない雰囲気が流れていたりします。お互いが初めて一緒に活動するグループならなおさらでしょうし、既存のグループでもお互いの名前や性格は知っているつもりでも、実はよく知らないというようなグループにもかたい空気が流れていることがあります。また月曜日の朝一のプログラムだと、眠そうな子がいたりして身体の準備ができていないかもしれません。

　プログラムの始まりには、アイスブレーカー・ウォームアップ（IB・WU）と呼ばれるアクティビティをします。とにかく楽しむことが大切です。少しずつ、お互いを知り合っていくことが大切です。また身体をほぐしたり、伸ばしたりする活動もあり、チャレンジレベルの高い活動をするための身体の準備にもなります。

グループの雰囲気があたたまり、楽しい気持ちや、もっとチャレンジできるぞという空気ができてくると、もう少しリスクの高い活動をします。ディインヒビタイザー（DI）という活動があります。これは、ちょっと恥ずかしいかなというような動きをするようなアクティビティが多いのが特徴です。この活動はグループの準備ができている状態（ちょっと変な動きだけどできるかな？　ちょっとやってみよう、と思える気持ちがある状態）でやると、グループの距離がぐっと近くなり、難しい課題に挑戦する意欲を生みます。しかし、グループの空気がまだやわらいでいない状態、参加者の準備ができていない状態でやると、その距離は一気に広がってしまいます。グループの状態を見極めることが大切です。ディインヒビタイザーは必ずしも入れなければならないというものではありません。あくまでもグループの空気を読むことが必要です。

　メンバー同士の距離が少し近くなり、さらにお互いをよく知ろうとする段階では、コミュニケーションのアクティビティを行います。話合いを必要とするものや、自分を表現するもの、触れ合うものなどの活動が入ってきます。グループでアイデアを出し合うようなものもあります。

　お互いの意思を通い合わせたり、グループの雰囲気にどんどん馴染んだりしながら一緒に活動していく中で、さらに難しい挑戦をする準備が整ってきます。

　ある課題をみんなの力を使って解決していくイニシアティブです。みんなで協力をしなければ達成できないような課題をグループで達成していきます。ときには、活動の中でグループの問題が見えてきたり、自分のやり方について考えさせられたりする場面が出てきます。課題を達成するのが目標ですが、どのようにして課題を達成するか、そのプロセスがグループやそれぞれの成長に大切な要素です。

　この他に信頼関係に焦点を当てた活動（トラストの活動）があります。この活動では、それ以前にグループが築いてきた信頼感をさらに高めていく効果があります。トラスト系の活動はグループの状況に応じて必要であれば取り入れます。トラスト系の活動の中には人の体を支えるものなどもあるため、そういった活動をする場合は、グループの状況、活動の時間帯などを十分配慮して取り入れていきましょう。

今まで説明してきたアクティビティのタイプについては、便宜上ウォームアップから始まり、トラストで終わっていますが、必ずしもこの順番で進めなくてもかまいません。一日のプログラムを例にとると、朝、ウォームアップから始め、昼食の後に、またメンバーの気持ちが戻ってくるように、ウォームアップから入ることが多いのです。しかし午前中にイニシアティブをして、一時中断してお昼に入った場合、食後、そのイニシアティブから始まったり、ビーイングを使って、今のグループの気持ちを確認したりするということも考えられます。活動の順序は、プログラムの中でグループがどの状態にあるのかを元に決められていきます。またタイプとしては「コミュニケーション」に分類されているアクティビティでも、グループによっては、それが「イニシアティブ」の要素が強くなる場合などがありますので、一概にタイプだけでプログラムを組むことはできないので注意が必要です。

　アクティビティのタイプについては、第2部の105ページに詳しい説明がありますので、参考にしてください。

3　グループの状態に合わせた活動の組み立て

　グループの状態に合わせてプログラムを組み立てるときの大前提は、グループをよくみるということです。そして指導者の柔軟性です。ウォームアップやコミュニケーションの活動をしたあと、グループは楽しそうであるし、意欲も高まっているようなので、イニシアティブを始めたとします。実際にやってみると、様子が変です。助け合ってはいるのですが、自分の意見を言うのをためらっている数人の姿が気になります。そのようなとき、次にどの活動を選べばよいのでしょうか。この状況説明だけでは、考える要素が足りません。今がプログラム全体の中のどの辺りにいるのか（あと1時間で終了するのか、あと半年間、週に1回集まってみんなで活動する時間があるのかなど）、プログラムの目的、目標、メンバーの状態などと照らし合わせていかなくてはなりません。

　そして、このイニシアティブを選んだことが失敗なのではないということも頭に入れておく必要があります。イニシアティブに挑戦したことによって、グループの問題が明らかになってきたのです。課題を達成できた、できなかったに関わらず、そこには学びの要素がたくさん散りばめられています。そ

の要素をすくい取って、次の活動につなげていくことが、プログラムの流れをつくっていくことになります。

グループは有機体なので、刻々と変化していきます。ときにその変化は、ビッグバンのように爆発的なものであったり、ゆったりと様相を変えていくこともあります。その変化を感じ取りながら、その時々に必要な活動を提供することで、メンバーとグループは成長していくことになります。指導者が最初に考えていた活動を無理に押し通すのではなく、柔軟に活動内容を変更していけるように、様々な選択肢を考えてみてください。

2 グループを読む視点－GRABBSS

PAにはGRABBSS（グラブス）というガイドラインがあります。これは指導者がグループをみるときや、プログラムを考えるときに参考にする指標です。漫然と「どんなプログラムにしようかなぁ」と考えていてもなかなか整理されないことがあったり、客観的な視点が抜けてしまうことがあるので、ガイドラインと照らし合わせながらプログラムを組み立てたり、グループの状態を判断することをお勧めします。プログラムを組み立てる時、先に述べた「流れ」を頭におきながら、ガイドラインを参考にしていきます。また、プログラムの最中でもこのガイドラインを使いながら、「今の活動がグループに合っているのか」を絶えず確認しながらプログラムを進めていきます。このGRABBSSという名前は、英語の頭文字をとったもので、7項目に分類されています。

Goal －ゴール・目標

Part 4で説明されているとおり、プログラムを行うときは目標、目的を立てることが大切です。その活動が、個人やグループ、プログラムのもっている目標と合っているかを確認します。春のオリエンテーションで「お互いをよく知り合って、これからの学級づくりの入口にしたい」という目標のプログラムの場合、楽しく名前を知り合うアクティビティや、おにごっこなどのアイスブレーカーで楽しく過ごし、そしてお互いにさらによく知り合うためのコミュニケーションタイプのアクティビティを選ぶのもよい一例です。

Readiness －準備

　グループがその活動を行う準備ができているかを確認します。グループがまだ準備ができていないまま活動を行ってしまうと、思わぬけがをしてしまったり、とても傷ついてしまったりする人が出てきてしまうかもしれません。この準備には、それぞれの身体と気持ちの準備、そしてグループとしての準備も含まれます。ただ、ある活動をするときに、全員がチャレンジャー（挑戦する人）になる準備ができている必要があるわけではありません。グループとしてその活動を行うときに、「私は支える係になる！」「僕は号令をかけてみんなを助ける！」という形で参加できるのであれば、問題はありません。このような参加者はグループのみんなをサポートする係になることでグループに参加するという準備ができているという見方ができます。

　この準備には、指導者の準備も含まれます。「ルールもよくわからないけれど、やってみちゃおうか」とやり始めてみたら、安全面への配慮が欠けてしまった、グループがしらけてしまった、などということもあります。指導者がその活動を、そのグループに対して行うときに、自分自身の準備ができていることを確認する必要があります。ときには、とりあえずやってみたら思わぬアイデアが生まれるということもあるのですが、必ず安全面にご注意ください。「うちのグループは注意散漫気味だけど、他のグループがトラストの活動をやっているからうちも」というような焦りはとても危険です。安全を保つのが難しくなってしまいます。

Affect －感情

　グループの感情（気持ち、心の状態）はどうでしょうか。落ち着きがなく気が散っているような場合、トラストなど集中力を必要とする活動は危険です。このような場合、例えばとにかく身体を使って楽しむようなおにごっこなどをたくさん取り入れてみるのもよいでしょう。そこから徐々にコミュニケーションをとるような活動などを取り入れていったりします。グループの感情は、参加者間の会話や言葉、表情などからも読み取ることができます。参加者を観察したとき、みえてくるのは、どんなことでしょう？　お互いをいたわっている表情？　乱暴な言葉？　遠慮がちな空気？……。様々な要素から、グループの「いま」を感じ取り、今、必要な活動を取り入れます。

Behavior －態度・行動

　感情と同じように、態度・行動にもグループの状態がよく表れます。輪になって立ったとき、身体が斜めになっている参加者がいた場合、それはどのようなサインなのでしょう？ 何かグループにいることに違和感を感じているのかもしれません。また参加者1人ひとりがグループのことを考えている感じか、それぞれ好き勝手にしている感じかなど、身体から表れていることをよくみていく必要があります。

Body －身体

　身体の特徴や様子をみることで、グループの状態を知ることもできます。運動不足な参加者が多いようなら、あまりハードな活動ばかりをすると途中でいやになってしまうかもしれません。またそのような場合は身体を動かしている自分を見られることを嫌がる参加者もいるかもしれません。年齢も重要なチェック項目です。小学校低学年の参加者同士が、自分たちを高く持ち上げて運ぶような活動をすると、腕を痛めてしまったり、大きなけがをすることがあるかもしれません。同じアクティビティでもルールを変えて、低学年用にアレンジすることなどの工夫も大切です。その他に、寝不足ではないか？ 元気いっぱいかなどをチェックしますが、朝、元気でもプログラムの途中から疲れてだるそうにしていたら、プログラムを見直す必要が出てくるかもしれません。

Stage －発達段階

　人が成長するのと同じように、グループも成長していきます。子どもの発達段階に応じて学習する内容や活動内容を決めるように、グループが今、成長（発達）段階のどの辺りにあるのかを考えて、グループに合った活動選びをします。グループの発達段階にはどのようなものがあるのかについては、Part 8「グループの発達段階」で紹介していますので、参考にしてください。

Setting －背景

　グループには雰囲気というものがあります。はっきりした雰囲気（見るからに皆が幸せそうだったり、怒りに燃えていたりなど）もありますが、こん

なグループなのかな、となんとなく感じるものがあったりもします。それは参加者のもつ背景が影響している場合があります。背景とは、地域的なものや学校の雰囲気、育ってきた環境、人種、性別、経済的なものなど様々な要素を複合的に含んでいます。誰が決めたわけでもないのに、男性が先頭に立つのが良し、となんとなくグループの中で決まっていたり、ここでは女性は強いからという雰囲気があったりと、性別に関してすでに暗黙の了解ができている場合もあります。グループが独自にもつその雰囲気の中で、グループに対して何を投げかけていくかを考えながら活動を考えていきます。

　このGRABBSSはグループを読む、みるときだけではなく、指導者自身の状態を知るときにも役立ちます。指導者としての目標は何か、その活動をグループに提供する準備ができているか、気持ちは？　自分のグループに対する態度はどんなだろう？　身体の調子は？　グループとの関係は？　など、グループをみる時と同じように、自分自身にも当てはめてみると、今現在の問題点、これからすべきことがみえてくると思います。是非活用してください。

　GRABBSSはとても有効なツールですが、ガイドラインに捉われすぎて、まだこれはできない、あれもできないと考えすぎないようにすることも大切です。指導者がまったくチャレンジしないでいたら、それはプログラムをつまらないものにしてしまうこともあるかもしれません。ぜひ楽しみながら挑戦してみてください。

ＰＡ事例（アメリカ）＃２

　プロジェクト　アドベンチャーを導入しているマサチューセッツ州ボストン市にあるソロモン・ローウェンバーグ中学校では、生徒同士の人間関係、スキルが見違えるような向上をみせた。「生徒たちが話し合っているのを見てください。誰も怒鳴ったり、非難したりすることがなくなりました。彼等はお互いの意見に耳を傾け、聞きあい、問題の本質を見いだし、解決しています」（メイフィールド校長）

PART 8 グループの発達段階

　アドベンチャープログラムだけに関わらず、様々な活動や共通体験によりグループに起きた出来事を通して、グループは少しずつ変化をしていきます。活動そのものがグループや個人に影響を与えることもあれば、グループメンバーとの関わりの中で仲間から影響を受けたり、自分自身が仲間に影響を与えたりしながら、グループと個人は変化・成長をしていきます。その変化していく過程を段階的に観ていくためのガイドとして活用できる「グループの発達段階」について紹介します。

1 グループを観察する

　グループの一員として個々が集まり、仲間と活動や共に学ぶ時間を共有し、解散を迎えるまでの時間の中で、グループが発達段階のどの段階にいるのかを考えながら、ファシリテーターはグループに合わせた活動を選んでいます。グループの発達段階によっては、アクティブに動き回って大いに楽しむことが大切なときもありますし、逆にしっかりと腰を落ち着けて直面している問題に頭を悩ますことがグループにとって大切なときもあります。グループがどのような状態にあり、どう関わり、何を目指そうとしているのかをGRABBSSをガイドラインとしてグループを観ていきます。

　ただし、GRABBSSだけではなく、今までの自分の経験と合わせてファシリテーターそれぞれが独自に持つ感知システム（センサー）でグループの状況を読み取っていくこともとても大切です。

　ファシリテーターがグループの様子をどのように捉えて活動を進めていくかは、大きなポイントとなります。ファシリテーターが自分の見方に固執し

て自分の型にはめるのだけは避けたいですね。より良い支援をしていくために、次の3つの視点を使い分けてグループを観ていくことをお勧めします。

- メンバー1人ひとりの細かい言動に着目するミクロな視点
- グループの動きとしてざっくりとらえるマクロな視点
- グループと同じ視点ではない視点で、別の角度から鳥瞰的に観るメタな視点

そして、「グループの発達段階」に照らし合わせて、グループが位置する段階を見極めて個人とグループが成長していけるように、グループに今必要な活動、要素は何かを考えてプログラムを進めるとよいと思います。

2 グループの発達段階

このグループの発達段階は、GRABBSS ガイドラインの項目のステージ (S) を詳しく説明したものです。

フォーミング：活動を始めたばかりでまだよそよそしい段階
グループがつくられる時（個人からグループへ）

いよいよ活動スタート！ とメンバーの1人としてグループに存在しながら、グループのどこに自分の居場所があるのか、グループの中で自分の位置を探している状態の時です。グループメンバーでの初顔合せから、活動を通して情報を得てお互いを感じ合い、自分の中にメンバーと自分についてインプットをしている頃です。お互いに近すぎない距離を保ちつつ、活動に臨んでいます。この頃の様子としては、グループで行動を決めるというよりは、ファシリテーターへの依存やグループの中にいるリーダー性の強い人の一言でグループの動きが決まることがあります。

初めて顔を合わせる人ばかりのときには、名前と顔を一致させることや、できるだけ多くのメンバーについての情報を収集して共通点や相違点、つながることはないかを探すことも多いでしょう。そして、グループメンバーが

どのような気持ちで今ここに集まっているのかを知り、驚きと不安や期待と好奇心の入り交じる複雑な気持ちで過ごしている人もいるかもしれません。

お互いをよく知っているグループのときでも、これからの活動について、メンバーの中での自分の位置がどこなのかを探しているかもしれません。発言や表現する機会には、グループに波が立たない程度の表現をしている頃で、言葉を選び自分の中で整理している状態です。知り合いだからこそ、今までの関係から自然にふるまえるときとかえって繕ってしまうときとがあり、ある１つの方向からのみの判断をするのではなく、メンバーの背景も含めて観ていくとよいでしょう。

ストーミング：本音がぶつかりあい、ストーム（嵐）のようにたとえられる段階
グループに転機の訪れ（グループから仲間へ）

　活動中やふりかえりのときに、メンバー同士でグループに起きていることについて、考えが合わずに意見が対立したり、自分の考えや意見をグループに主張したり、リーダーの権力で進めてきたことに対して自分の気持ちを伝えたり、本音でグループに自分の気持ちを表現することが観られる状態です。お互いに自分の気持ちに正直に話し合うことで、自分との対峙やグループとの対峙を必要とすることも出てきます。その結果、グループが目指す方向について改めて考える機会となり、目指す方向を変えて挑戦することもあります。これは活動中のみでなく、休憩時など共に過ごしている時間にも観られることがありますので、活動以外の時間もよく観察するとよいでしょう。

　グループに対して我慢や遠慮していたものを自分の気持ちを正直に表現するという形でグループに出していくことが見られ、そのことにグループがどう向き合い解決をしていこうとするのかがポイントとなります。グループが、個人が、どうありたいのか、どうしてほしいのか、を考えて行動へと変えていきます。ただ、どんなに話し合ってもいい意味での妥協案が見つからない場合は、一度、その問題をおいておき、活動に入り活動からその意味を学び、再度グループで考えるということもあります。

　あるグループにとっては、自分自身との対峙、グループとの対峙で長く苦しいこともあるかもしれませんが、どんなグループにとってもパワフルで多

くの学びを得る機会となります。ここで出てきたことがグループとしての突破口となり、次の段階への大きなステップとなる可能性があるのです。

ノーミング：ストーミングの混乱からある種の秩序が生まれてくる段階
グループが結束の時（仲間からチームへ）

　今までの活動やグループの出来事を通して、人にはいろいろな感情があり、感じるタイミングも違い、その違いを共有することがグループの学びとなることを体験から学び理解している状態です。グループを信頼し、安心して自分の弱さや強さを出し、メンバーにゆだねることや、受け止めることができる関係になっています。ここでは、グループとしての方向性が固まり、言葉や文字でその方向性を確認し合いながら活動を進めることから、特に表現をしなくてもお互いが同じ方向に向かっているという安心できる感覚が生まれて結束力が高まる場面が見られます。グループが1つになり、チームとして動き出していく感じがします。
　この段階になり次の段階が近づくと、グループにとって安心できる環境ができて、グループの力を試したい！　準備は整いましたよ！　というメッセージがグループから、ひしひしと伝わってきます。

パフォーミング：グループとしての絶頂
グループの力を発揮（チームから個々の力を発揮するチームへ）

　グループがグループの力で動き出し、様々な課題に積極的にチャレンジしていく様子が観られます。お互いにメンバー同士での余計な遠慮などがなく、目の前の課題に集中できる状態です。そして、そこで起きていることにグループが全員で取り組み、メンバーそれぞれが力を惜しみなく発揮し、お互いがリーダーであり、フォロワーである関係です。
　どんな困難にも前向きで積極的に自分たちの力を試していきます。チャレンジする楽しさ、喜び、満足感をメンバーで分かち合います。仮にチャレンジが失敗に終わっても、チャレンジする過程の中から次への学びを見つけていき、自分たちにストップをかけることはなく、グループの活動に対する動

きが止まることはありません。

　グループの中にたまったエネルギーが活動グループ内だけでなく、社会に向けてある種の行動や運動として広がっていくこともあります。

セパレーション：別離、終息
グループから個人に戻る（仲間・チームから個人へ）

　プログラムや活動が終了し、グループが解散を迎えます。様々な体験を通してグループで得た学びを日常の場所で使えるように、あらためて活動のスタートから終わりまでをふりかえり、それぞれが自分の中に体験からの学びを蓄えてグループでの活動を終えます。今までの活動のまとめ的な段階です。しっかりとこの時間をとることで、別の場所での応用範囲とそれぞれの活動の意味が強化されます。

　この発達段階のフォーミングからノーミングまでは、グループの状況や出来事によって、それぞれの段階を行き来しています。一度、ノーミングの段階まで来ても、ある出来事によってストーミングに戻って確認し、もう一回グループとしてのあり方から考えるうえでフォーミングに戻って再び段階を踏んでいくこともあるのです。またストーミングの段階を踏まずにフォーミングからノーミングへと進む場合もあります。そしてパフォーミングになると、そのグループの段階はセパレーションというグループが解散をする時まで、その状態が持続していくことになります。

3 個人の成長とグループのちから

　グループの発達段階ということでグループについて観ることに触れてきましたが、活動の最大の目的はアドベンチャー活動を通して、個人がどのように変化、変容していくことができるかにあります。あくまでも個人の成長を促すことにあり、グループの成長を目的としているわけではありません。グループメンバーと関わり合うことを通して、個人が自分自身を見つめる機会に出会います。自分を理解し、認め、その状態からどのように自分を変える

ことができるか、今までの自分の行動から新しい領域へ一歩踏み出す瞬間とも考えられます。グループのちからを借りることで、個人がより成長しやすい環境がつくられるのです。

ＰＡ事例（アメリカ）＃３

「学校にもうこれ以上行きたくない」が35.8％から1.9％に減少
　　　―プロジェクト アドベンチャーの効果―

　1983年に発表されたハーバード大学のDr.Marcus LiebermanとEdward Devosによる2年間にわたる調査結果（対象：小学校の高学年生徒）の一部を以下に示す。

1. 質問：もし自分で選べるとしたら、あと何年学校に行きたいですか？

   「これ以上行きたくない」という回答が、プログラム前35.8％から1.9％に減少。また、「5年以上行きたい」という回答が20.5％から58.5％に増加した。同時に調査した統制群（非体験者）の変化はほとんど無かった。

2. 質問：朝、起きて学校のことを思うと……。

   「学校に行かなければいけないと思うと悲しくなる」という回答が35.8％から0％に減少。逆に「うれしくなる」という回答が13.2％から22.6％に増加。

　他に高校生を対象としてTennessee Self-Concept Scaleという評価尺度を用いて調査した結果も発表されており、そこでも自己概念形成に極めて優れた効果を及ぼしたことが実証されている。

PART 9 ふりかえり

体験からの学びを生かす

1 ふりかえりって何で必要なの？

1 ふりかえりって何？

　ふりかえり（ディブリーフィング：debriefing）とは、活動からの気づきや学びを整理し、次への活動や日常生活へつなぐパイプ的な役割をします。活動を振り返ることで、その活動を単に"体験した"という、経験で終わらせるのではなく、活動を共にした仲間と活動中の出来事について思い出し意味づけをすることで、"体験からの学び"を得る機会となります。

　そして学んだことを次の活動や日常生活で、どのように生かすか？　この活動をする前までの自分に学んだことをプラスして、どう行動するのか？と自分について考える機会ができるのです。ここで得た学びを最終的に、どう使うか？　どう生かすか？　自分で考え、決めていくのですが、１人で体験したのではなく、共通体験をした仲間がいますから、その仲間の力も借りて活動中の出来事を思い出し、その事柄の意味づけを仲間と共にしていきます。

　ふりかえりには、様々な方法があり、必ず全員ですると決まっているわけではありません。ときには、１人でじっくりと、また数人など、グループの状況に合わせて使い分けていきます。毎回同じだとあきてしまいますし、グループの様子や環境に合わせて方法を変えていきます。せっかくの機会なのに毎回同じで「また、あれ！」と思わせてしまってはもったいないですね。対象者、時間、環境、などを考慮しながら、どんなキーワード、問いかけにするのかを考えて、ふりかえりの方法を工夫していくとよいでしょう。

　ふりかえり（ディブリーフィング）を体験学習のサイクルに照らし合わせ

てみると、「ふりかえりと観察」「概念化・一般化」「試験・適用」のすべてが、ふりかえりの流れの中にあります。活動中に何が起きていたのか？ 起きていたことをまとめるとどんな意味があるのか？ そこで出たものをどうするのか？ と考えているすべてのことがふりかえりになります。簡単にいうと活動中にあったことを思い出し、そこからの気づきと学びを整理し、違う場面でも使えるように準備をしていくまでになります。

こんな経験はありませんか？

　スポーツでも芸術でもかまいませんが、発表会やコンクール、大会などに出場した経験。クラス対抗の球技大会、合唱コンクール、音楽会で演奏や指揮者としての参加などなど、パッと思い浮かぶものをイメージしてみてください。

　あなたは、コンクールや大会に向けて練習を重ねています。いよいよ、当日を迎え、さぁ！ 本番です。練習した成果を出すべくベストをつくしました。そして、本番を終えて落ち着きを取り戻した頃、本番時の自分の姿を思い出します。まるでビデオテープで録画していたものを巻き戻して再生ボタンを押したかのような感じです（実際に録画をし、再生して自分の姿を確認されたこともあるかもしれません）。

　おっと！ ストップボタンやポーズボタンを押したくなったり、押してみた場面では、一体どんなことがあったのでしょう？「あっ！ ここも！」と何度かストップボタンやポーズボタンを押すこともあるでしょう。同じような場面であったり、まったく違うけど気になるところであったりします。

　そのボタンを押したときの場面では、一体何が起きていたのでしょうか？（バレーボールで相手のスパイクを予想し跳んだブロック２枚。ところが相手はフェイントをかけてボールはブロックの上をふんわり通過しブロックに跳んだ２人の真後ろに落ちた。とっさのフェイントに反応ができず、一歩も動くことができなかった自分）

　そして、その起きていたことが意味することって何でしょう？（予想していたのは、強いスパイク。ブロックを抜けたときにレシーブする自分。相手の動きを決めてかかっていた自分がいて、決めた動きに対してだけの構えをしていたのでフェイントに反応できなかったということ）じゃあ、次からは

どうしよう？ そのままにする？（構え過ぎの自分がいた。一歩でも踏み出せるように力を抜いて構えよう！ そのために必要なことは？ さぁ！ 練習しなくちゃ！）と必要と思われる練習を開始し、次の試合や大会を迎えて再び本番！

　スポーツでもバレーボールではなかったり、同じバレーボールでもレシーバーの立場ではなく、セッターなどポジションの違いがあったり、芸術系でダンスの発表であったりするかもしれませんが、同じように考えたことがありませんか？ そして、次への準備をし、臨んだことはありませんか？

　ふりかえりをして気づきから学び、次への行動を決意し新たに動き出す様子です。チームでトライするスポーツであっても、個人の中で考えるときもありますし、チームとして全体で考えることもあります。ときには個人の中で、ときには全体でふりかえり、気づきと学びを得て、得たものをどう使っていくのか？ ということなのです。少し、ふりかえりが身近に感じられますか？ ふりかえりの流れは、特別なことではないのです。自然にしている場合が多いのですが、意識してこの流れを使ってみるということなのです。

　次のチャレンジへ！ と学びを生かす場合のほかに、日常の場面で似たような場面はないだろうかと考えてみると、案外、あるものです。バレーボールでのことを例にすると、日常の中でも物事を決めてかかり、柔軟な対応ができなくなってしまう構え過ぎの自分がいることに気づきました。そんなときに、バレーボールでの体験で学んだことを使えるかもしれない。まずは力を抜いて周りの情報を取り入れてから考えていけば、対応できる範囲が広がり……、体験からの学びと日常を結び付けていくことができるのです。

2 どんなことがグループや個人に起きるの？

　ふりかえりをすると体験からの学びが整理されて、行動変容を起こすきっかけとなるのです。グループメンバーが一緒に考えを出し共有することで、個人だけの学びではなくグループの学びとなり、気づきと学びの範囲が広がります。そして、学んだことを1人ひとりがグループの一員として行動を考え、変えていくきっかけにできます。学んだからすぐに行動が変わるかというと、そうとばかりはいえません。気づいていながらも、今までの行動が自然に出てしまうことは多くあります。ですが、そこで意識をして行動を変え

ようとしていくことに意味があるのです。最初は意識して必死かもしれませんが、いつしか意識しなくても無意識に行動をとる日が来るかもしれません。もしかしたら、いつも意識していくことが自分にとって良いことだと思うのかもしれません。

　大事なのは共に学ぶ仲間がいるということ、そして、仲間との関わり合いの中から学ぶということ。1人でもこの考え方を使うことは例のバレーボールのようにできますが、それを仲間と考え合い共有することで学びの範囲が広がるのです。自分だけでは気づかなかったことに仲間が気づき、意見を交換することなど、物事を受けとめる視点が増えるわけで、そのことに対する考え方もいくつも出てくるわけです。みんなで学び、1人ひとりがそのことをきっかけにどう行動を起こすのか？　行動を起こしていくのは、個人にゆだねられます。自分にとって意味のある必要なことだと判断すれば、容易に行動を変えていけることでしょう。しかし、どんなにグループで話し合い、共有したものでも自分にとって意味のあることだと感じられなければ、行動を変えるきっかけにならず、1つの考え方として頭の片隅に保管されるかもしれません。ですが、いつしかこのことが思い出されて生かせる日が来ないともかぎりません。いつ使われるかわかりませんが、保管されているということも大事なことです。何かのきっかけで、あのときの学びってこれだったのか？　と時間がたってから気づくこともあるからです。それは、数時間後か、何週間後か、何年後になるのか、誰にもわかりません。

3 実際にはどんなことをするの？

　なんとなくイメージはできたけど、実際にはどうしたらよいのだろう？　ふりかえりをすることを不安に思う方もいるかもしれません。または、ふりかえりをしてみたけどうまくいかず、何をふりかえるのか焦点が見つけられなかったという経験をしたことがあるかもしれません。残念ながら、ふりかえりをするうえでこれだけ身につければ完璧というものはありません。ですが、今までの人生の中で、ある体験を思い出そうとしたときにイメージされる順番（何があった？　で始まる問いかけ）と同じようにスタートさせてみると、ふりかえりやすくなるということを覚えておくとよいでしょう。

　この"何があった？　何が起きていた？"とグループに問いかける前に、

活動をよく観察する必要があります。活動を始めたものの気持ちここにあらず、ふりかえりをどうしようかと考えていて、目の前で起きていることをキャッチできず、結局、何が起きていたのかわからずに、終わってしまうのでは、活動から学びをどのように引き出してよいかわかりません。一生懸命に活動に臨んでいるメンバーをしっかり見ていくことは大事なことです。「今ここに」いることは、メンバーにもファシリテーターにも大切なキーワードですね。どんなにふりかえりに自信がなかったとしても、活動を観察することはできますし、グループメンバーと一緒に起きた出来事を振り返ればよいのです。

こんなことがありました

　ロープスコースを利用した半日のプログラムで、小学校4年生の子どもたち12名のグループを担当したときのことです。そのグループには、かんしゃく持ちの子や、自宅以外では言葉を発しない寡黙な子がいました。思い切り汗をかいて動き回るなどのウォーミングアップは盛り上がり、楽しく活動を終えてモチベーションも上がり、いい感じです。そこで課題解決型の活動（イニシアティブ）の登場です。

　マシュマロリバーに挑戦。河の上に浮かぶマシュマロの上に乗って全員で河を渡りきります。このマシュマロは誰かが触れていないと河に沈んでしまいます。使えるマシュマロの数は人数よりも2〜3個少なくなっていますので、うまく使って全員がたどり着けるように工夫してチャレンジしてみましょう！　と説明をした後、相談開始！　それぞれが考えを出し合って、チャレンジしてみようと思うが、マシュマロが消えてしまうといけないという話になり、河じゃないところで試すことになりましたが、なかなか話がまとまらない。そんなときに動き出したのが寡黙な子でした。

　彼は、マシュマロに見立てたスポットマーカーを全部手に取り、河を渡り始めました。慎重にマシュマロを置きながら足を乗せて、次のマシュマロを置こうとしたときに動きがぴたっと止まり、少しためらう時間がありましたが、仲間に声をかけたのです。『ちょっと、きて』その声にみんなが反応して、何か考えがあるんだ、ついていこう！　と次々と後ろに連なりました。

そして、連なっているだけでは駄目だとその子が気づき、説明をせざるを得ない状況となり、少しずつ考えを言葉にしだしたのです。
　『その上に乗って』『次のに乗る前に後ろの人が押さえてマシュマロから離れないように』『いくよ』『いい』とゆっくりと進んでいきます。結局、その子のリーダーシップのおかげで全員成功！　途中で数個のマシュマロは沈んでしまったけれど、見事に達成したのでした。

　そこでのふりかえりは、『挑戦しよう！　とスタートしてから、どんなことがあったけ？』『うんうん。みんなで相談しようってことになったね』『相談していたことって、どんなことだったかなぁ』『なるほど。それで、どうなったんだっけ？』『そうだね。○○君が動き出したね』『そこで、みんなはどうしたのかなぁ』『みんなで確認しながら乗っていたねぇ』『マシュマロの数はどう？』『そうだね。途中で減っちゃったけど、頑張ったね。無事にみんなで渡れたものね』と起きていたことをみんなで思い出しました。
　そして、部分的に活動を分けて尋ねてみました。『あの相談しているときって、それぞれがどんな感じだった？　そのとき思ったことを教えて？』『みんなが動き出したときは？』『途中でマシュマロが沈んでしまったときは？』『全員が渡りきったときは？』と、その時々に思ったこと、感じたことを出し合いました。その後で『そうかぁ。みんな、いろいろなことを感じたんだね。じゃあ、次にチャレンジするときに、こうしたいなぁって思うことってどんなこと？』と尋ねて、出てきたものについて、少し考えながらチャレンジしてみよう！　という話で次の活動へ移りました。

　そして次の活動は、ローエレメントのタイヤトラバースと呼ばれているものでした。これは、いくつかタイヤが一直線上に別々にひざの高さくらいにぶら下げてあり、ぶら下げてあるタイヤに乗って移動していくものです。グループを半分に分けて、一直線に並ぶタイヤの両端からお互い１人ずつがタイヤに乗って進んでいき、途中で入れ替わり、ゴールを目指すというものでした。途中で入れ替わるまでは、自分の力でなんとか進んでいき、入れ替わるときにお互いの協力が必要になります。
　他の人はタイヤにぶつかったり、タイヤから落ちてしまうかもしれないの

で、そのときに直接地面に落ちたり、けがをしないようにサポートにまわります。何をするのか、どんな役割があるのかを説明し、2人だけが頑張るのではなく、みんなで協力するんだよという説明の後にグループを半分に分け、チャレンジする順番を決めることになりました。

　この順番決めで問題が起きたのです。
　半分に分けた片方のグループは、すでに順番が決まり、並んでいます。もう片方のグループの順番が決まるのを待っています。決まっていないグループでは、もめごとが始まりました。
　かんしゃく持ちの子は、もう自分の思い通りにならないなら、やらないと叫んでふてくされて動きません。その子と言い合いになった子は怒って先頭をどきません。
　他の子は、思ったこと、言いたいことを2人に投げかけますが、2人ともまったく耳を貸しません。そのまま進めるわけにはいきませんので、今起きていることをみんなで考える機会にしようと活動をストップし、全員で集まりました。

　片方のグループの子は、何が起きているのか、さっぱりわかりません。問題が起きたグループの子たちに説明をしてもらいました。
　1人の子が大体の説明をして、他の子が補足をしていきます。ぶつかり合った2人もその場にいます。違うことがあれば、途中で話をするように伝えて進めていました。2人からは、何も付け足すことはありませんでした。起きていたことについて、みんなで確認をしたところで、2人に話をもっていきました。
　『みんなからのいろいろな声があるけど、相手に対して悪いと心から思ったら謝っていいけど、悪いと思っていないなら謝らないでいいよ。でも、これから先に同じことが起きてしまうと、また嫌な気持ちになるし、何かしたいことができなくなってしまうかもしれないね。それは、とても残念だと思うので、次に同じようなことが起きないようにするには、どうしたらいいかをみんなで考えよう』と2人の問題ではなく、みんなでどうしたらよいかを考えることにしました。そこでは、2人はまったく責められることはありま

せん。

　だんだん2人の表情も柔らかくなり、他の子の声に耳を貸すような雰囲気が出てきました。少し時間が経つと2人のうちの1人が『活動を止めてしまって、ごめんなさい』とみんなに謝りはじめました。すると、もう1人も『止めてしまったこと、ごめんなさい。それと、いろいろなことを一度に言われると謝ることがどんどんできなくなって、辛くなっちゃった。悪いと思った時に謝れなくなるから、そんな時に謝れるようにできたらいいのだけど……』と気持ちを声にしたのです。そこで、数人が『そうだよね。悪いと思っても、すぐには謝れなかったりするよね』『いろいろ言われるとわからなくなるよね』と自分の過去の経験と照らし合わせて言葉にするようになりました。

　じゃあ、こうしよう！　という結論は出なかったのですが、考えた時間はとても貴重で、1人ひとりが、"こうしたらいいなぁ"と思うことを忘れずに、もしも同じような場面に出会ったら思い出して、こうしたらいいかもしれないと思うことをそれぞれしてみようということになりました。

　そして、半日の活動全体をふりかえるときに使ったのが感情カードです。これは1つのカード（はがきサイズ）に感情を表す文字やイメージできる文字が書かれています。だいたい50枚くらい用意しました。例えば、ドキドキ、わくわく、苦しい、つらい、ハッピー、キラキラ、悲しい、がーん、ずっしり、どよよーん、などです。これをグループメンバーで輪になって立っている中にバラバラとまき、ふりかえりをしました。

　1つ目の問いかけは"活動を終えて、感じていることをカードから1つ選ぶとしたらどれ？"『急がなくていいからね。もしも、取りたいカードを持っている人がいたら、一緒にカードを持ってね』と伝えて、全員がカードを持ちました。『1人ずつカードを前に出して見せていこう。ジャン！　ジャン！　ジャン！　って感じで！　そこで、カードに何かコメントを付けたい人は言っていいからね』と言い、全員で全員のカードを確認しました。数人が何故そのカードを選んだかを話してくれました。ちなみにぶつかり合ったかんしゃく持ちの子は"怒った！"のカードを持っていました。そのときに一言添えた言葉が『怒ったのは本当だから』でした。

全員のカードを確認した後に同じようにカードを地面に戻して、２つ目の問いかけをしました。"今日の活動からクラスにあったらいいなぁって思うものが書いてあるカードはどれ？"また、同じようにカードをそれぞれに持ちました。
　かんしゃく持ちの子はカードを持っていません。どうしてかと尋ねると『ここにないから持っていない。でも、あったらいいなぁと思うことはある』と言ったので、『透明のカードに書かれていると思って、みんなと同じように持ってくれるかな。そして、順番が回ってきたら、みんなのは見えるけど、○○君のは透明で見えないから、書いてあることを教えてくれるかな？』と尋ねるとOKだったので、１つ目と同じように全員のを確認していきました。そして、その子の順番が回ってきたら『ゆずりあい』という言葉でした。みんなで今でてきたカードの文字がたくさん感じられるクラスを目指して、『どうしたらそうなるかを考えてみてね』と活動を終えました。

　ここで活動を終えたのですが、活動から学んだことをクラスで次にどう生かしていくかを考えたときに、クラスのフルバリューコントラクトとしてビーイング（Being）などをすると、絶妙なタイミングだと感じたことを覚えています。この体験の中には、ふりかえりの方法と具体的な問いかけが入っています。ここで書かれている言葉を使う必要はまったくありません。自分のいつも使っている言葉、表現で伝えていくとよいでしょう。ちょっと参考にしてもらえればと思います。

2 ふりかえりをするのに大切なポイント

　ファシリテーターがふりかえりをするうえで大切なポイントがいくつかあります。

活動中のグループをよく観察すること
　ふりかえりをする前にグループがどのように課題に向かっているのか？メンバー同士でどのような関わりをしているのか？ 設定した目標は？ フルバリューな環境？ など活動中の様子をじっくりと観察していくことが大切

です。観察するときにGRABBSSを使うと良いガイドラインになってくれます（Part 7参照）。

ふりかえりのトピックと方法を決める

　ファシリテーターによって視点は様々ですから、ふりかえりで取り上げるトピックに違いが出ても当然です。また、1つではなくて気になることがいくつも出てくることも多々あります。その中で何に絞るのか？　グループにとってタイムリーなものか？　活動の目的と関連したものか？　次への行動へのステップになりうるものか？　トピックが決まったら、ふりかえりの方法はどんな方法を使う？　体験学習のサイクルを意識して方法を選んでみるとよいでしょう。

ふりかえりをするのに適した場所（環境）で行う

　ふりかえりをしていたら、隣りのグループが盛り上がって大はしゃぎして集中できなかったり、じっくりとふりかえりしたいけど、強い日差しで暑くて考えられなかったり、手足が冷えきって寒さに耐えるのが精一杯など、活動場所や季節によっても違いはありますが、グループが集中できるように配慮したいですね。活動をしたその場所で行うのは、ふりかえりしやすくてよいのですが、グループの状況や環境に合わせていかないと我慢大会になってしまうので注意しましょう。

沈黙を恐れないこと

　ふりかえりの最中には、活動のシーンを回想したり、考えたりして沈黙することがあります。この沈黙が耐えられなくて、ファシリテーターが話をしてしまうとメンバーは話すきっかけを失い、話を聞くだけで考えることもストップしてしまいます。そして、最後にはファシリテーターがまとめておしまい、ということにもなってしまいます。せっかくの学びの機会がなくなってしまうのです。何かものを考えるときは静かなときが多いと思います。沈黙をゆっくりと見守ることも大切です。ときには、何を答えてよいかわからずに沈黙することもありますが、そのときは表情を観ればわかるでしょう。そのときは別の言い方にしてわかりやすく伝える努力をしましょう。もしく

は、問いかける内容を変えてみましょう。メンバーが考えるのが嫌になって苦しくなる前に、見極めて場を切り替えて次に移ることも大切です。

話題のぶれに注意する

あるトピックを中心に振り返っていたのに、気をつけないといつのまにか違う話題になってしまっている場合があります。話題が違う方向へ行きつつあると気づいたら、今の話題は何であったか？ その話題が一段落し、次の話題に行ったのか？ 違うのか？ をグループメンバーにもわかるように伝えて元の話題に戻しましょう。そのままにするとふりかえり自体が何だったの？ という状態になり、焦点がぼけてしまいます。

ふりかえりのときの雰囲気づくり

ふりかえりと聞くと重たく暗いイメージを持つ人もいるかもしれませんが、決して重たく、暗い雰囲気である必要はありません。活動と同様、楽しさは大事です。ときには腰をすえてじっくりと考えることも必要ですが、毎回ですと辛くなってしまいます。メンバーが安心して意思表示できる雰囲気か、まだまだアイスブレーキングが必要な雰囲気かに合わせて、ふりかえりの時間も考える必要があります。

ふりかえりをしすぎないこと

ふりかえりは毎回必ず必要なわけではありません。必要と思ったときにするということを覚えておいてください。例えば、課題解決型のアクティビティ（イニシアティブ）をした後には必ずするということではないのです。グループの様子を観察していて必要だと思われたときにするのです。もしかしたら、ウォーミングアップでしていた鬼ごっこで何かが起きるかもしれません。そのときにはふりかえりをする必要があるでしょう。ウォーミングアップだからしない、課題解決型だからする、という決まりがあるわけではなくて、グループに何が起きているか？ が大切です。ときには体験そのものが語る場合もあります。しすぎることで逆効果にならないようにご注意ください。タイミングはもちろんですが、時間が長すぎるのも考えものです。長ければ良いというものでもありません。

様々な思いに対する心の準備が必要

　人はいろいろなものを抱えて生きていますので、開放できる瞬間が訪れると思ってもみなかったようなことを開示する場合があります。その開示された内容がグループに関係し、メンバーの力で解決できるものなのか、それとも個人的なものか。活動中やグループが解散するまでに解決できるものなのか、などを判断する必要があるでしょう。また、活動を通して様々な思いが出やすくなるので、それに対応できるようにどんなことが出てきても、落ち着いて対応していけるよう心の準備をしておくとよいでしょう。必ず、開示されたことについて答えなければならないわけではなく、グループとして扱うべきか、個人として考えてもらうべきか、専門家に相談する必要があるものなのか、どこで扱うべきかを判断し丁寧に対応してください。

目力（めぢから）の威力に注意

　ふりかえりの最中にファシリテーターからじっと見られて目が合った状態にあると"何か発言しないと！"という気持ちになってしまうことがあります。目のやり場に困るのですが、何か言ってね！　という思いを持って見てしまうと、それは伝わってしまいますので、ご注意ください。あくまでもチャレンジバイチョイスの考えを生かすことを忘れずに。

チャンスがあれば、日常に転化する回路をひくこと

　ふりかえりで出てきた事柄を日常の場面とつなげていくチャンスが、きっとあります。チャンスを逃さないように"これは！"と思ったときには、日常生活とつなげていくことをお勧めします。毎回ではなくて、一度、この回路をつないでおくと他の機会にも使いやすくなります。グループ全体では取り上げなくても、個人の中で自然にこの回路を使って日常へと転化することもあるかもしれません。また、他の体験からも同様に学ぶ回路が開けているので、体験から学び、日常で生かすという流れがつかみやすくなります。

　刑事物の映画やドラマのように、刑事が犯人を探し出す過程を思い浮かべてみると起きたことの情報を集めて整理し、可能性を探り、意味づけをして確認をしていく。その様子はまったく自然な流れですが、私たちが記憶をた

どるときと似ています。思い出しやすい状況、順番を知っておくことは、ふりかえりのバリエーションをどこで、どう使おうかと考えるのにとても役立ちます。やみくもに使うのではなくて、そこで使う意味があるはずです。ちょっと意識してふりかえりの方法を使い分けることをお勧めします。もちろん、最初はまず使ってみる！　そして、そこから気づき、学ぶ！　大いにOK！　です。始めてみないとわからないですからね。活動はもちろんのこと、ふりかえりまでも含めてファシリテーター自身が体験学習のサイクルにのってチャレンジするとよいでしょう。きっと、素敵な気づき、学びを得ることになるでしょう。

ＰＡ事例（アメリカ）＃４

　アメリカ合衆国オハイオ州にあるデボンシア小学校では、生徒533人の内100人以上が読解力、算数、思考能力において、コロンバス市教育委員会が規定する優秀学力（Gifted Students）のレベルに達していたことがわかった。「この事実は別に秀才レベルの生徒がこの学校に集まったわけではなく、PAアプローチを通して授業にチャレンジ精神を取り入れ、問題解決をする能力や思考能力、創造力を生かして学んでいくことを学んだ結果です」とフォスマイヤー校長は語っている。

Column

日本人にフルバリューコントラクトが理解されにくい理由とは？

KAT

　日本の文化、言語構造や活用、コミュニケーションのあり方やパターン、地域性や習慣、あまり意味のない（誰かが決めた）慣習、疑問を持たない心、習慣への服従性、自己防衛や自己規制、居場所を確保する精神、受けてきた教育……。

　これらは人間の性格と同じで、肯定的な面と否定的な面を兼ね備えているオセロのようなものととらえられる。

　国分康孝氏は「チームワークの心理学」の中で、

　　ソーシャル・スキル、つまりつきあいに関する箸のあげおろしが
　　不器用な為に、グループに溶け込めない人がいる。
　　子ども時代を静的なグループ（人口移動の少ない同質的社会）に
　　過ごした人はさほど付き合いの技法を要しなかったと思う。
　　伝統志向の社会では、頭を使わなくても慣習の通りに動いていれば、
　　村八分にあうことはない。こういう慣習が身についてしまうと、
　　動的で異質的なグループで自由に動くのはきわめて難事である。
　　行動の原理が伝統ではなく、自分個人の判断にあるからである。

と書いている。

　日本の文化は伝統、慣習によって背景が築かれてきた。そのため日本はコンテクスト（文脈）の意義が強調された社会といえる。つまり、成長の過程で、物事や行動を自分で考え判断する前に、自己を取り巻く環境や周りの「ふるまい」に従うことで、グループの一員として存在できるような社会なのである。

　子どものうちは両親、親族により伝えられるグループの基準に則った適切な「ふるまい」を学ぶことが慣わしだった。法事や正月の祝い方、成人

式などの社会慣習に従うことにより、個人の居場所が約束されてきたともいえるだろう。

ところが、プロジェクト　アドベンチャーで用いられているフルバリューコントラクトは、日本の伝統とは異なり、むしろ大陸文化である。それはルールの無いところで、開拓者的に自分の存在を他者にアピールするようなものだ。つまり、フルバリューコントラクトは、日本ではそれまで考えなかった、あるいは考える必要がなかった自分の存在の価値や意味、地位の獲得を主張しながら、他者とともに生きる場を創っていく不可欠な儀式のようなものといえるのではないだろうか。

個人が主体性をもって、公平な場で自己主張をしながら、お互いの価値観をとりあえず表現し、共同体として関わるための場であるともいえる。人々がお互いに異なる考え方、慣習、アイデアを出し合う場であり、誰一人として個人の考えや主張が無視されないという約束のうえに成り立っている場でもある。

しかし、これらのシステムは過去の日本にも存在したはずである。人々が慣習に従ってきたのは、賢者であった長老たちの経験のうえに成り立つ「暗黙知」が正しかったからではないだろうか。時代と地域、身分によって差はあったとは思うが、誰かが成長の過程でそうした「暗黙知」に異を唱え、個人のアイデンティティを確立しようとする以前に、大人はその子どもの能力と役割を正しく見抜いていたのであろう。

場のデザイン

さて、そこで今の家庭、地域、社会という共同体のようで共同していないコミュニティを見てみると、私たちは個人としてどのように受け入れられているのか？　関係を築く環境がどのように創られているのか？　あるいは反対にそのような事は一切意識されていないのか？

私は最近、「デザインすること」をよく考える。それは人がある目標を持って計画をつくり、思いや行動を伝えていくことへの、あるいは人が自ら行動を起こしていくことへの支援（まさにファシリテーション）をすることである。もちろんそれは暗黙やサブリミナルの範囲で行うのではなく、

Column

当然、パブリックに公開しながら、一般化しながら行っていくのである。
　こうした観点からコミュニティを考えてみると、人はお互いによって支えられているという、ある種の運命共同体的な意識を理解しないかぎりその意味は理解されないだろう。
　すると、次のような疑問がわいてくる。
・今の子どもたちはコミュニティの意識を持っているのか？　あるいは、いつコミュニティという概念を知るのか？
・家族意識、地域意識はどう感じられているのか？　環境と社会性の範囲は？
・コミュニティを全感覚的に感じることが生活の中においてあるのだろうか？
・単純に人の「つながり」をどう感じているのか？
・自分を取り巻いている環境をどう感じているのか？（安心感？　恐怖感？　懐疑感覚？）

　実はこれらの疑問の答えを見つけるためには、実際のところ子どもたちのみならず私たち成人の「社会性とスキル」を振り返ってみる必要があるだろう。
　子どもたちが社会的な行動を学ぶとすれば、まず、いつどこから始まるのか？　子どもたちを取り巻く成人の社会性をまず学ぶのではないか？
　つまりフルバリューという考え方や感覚的なモラル感やマナーを身につける身近な環境は『家庭』にあるといえるのだ。
　「うちの家ではこんなことを大切にしよう！」「この家では最低限こんなことを考えて、行動しよう」などとカシコマッタことを言いながら生活はしていないと思うが、実は言葉こそ違うにしても親・保護者は子どもに対して同様な事柄を日々の中で口に出しているのではないだろうか？
　当然、他の人と暮らすためには最低限のきまりが存在するし、住む地域にもある意味のマナーが存在し、そして学校というコミュニティに属するとそこにはまた共同体に帰属するうえでのルールというものが存在する。そうした中で、フルバリューという考え方も伝えることは困難なことではないと思う。

子どもたちが、もしそのような考え方、もののとらえ方、行動の仕方を学ぶ機会に恵まれなかった場合は、成長の過程で急に壁にぶつかるような衝突が起こるだろう。それらは、非社会的行動や反社会的行動として表出してくる。しかし、もし人が社会で生きていきたいとすれば、人はずっと非社会的または反社会的な行動を取り続けることができるだろうか？　もし続けられるならば、どこかにそれらの行動を容認する場があるということになるが、それはあるのだろうか？

　若いときに暴走族になり、70歳を超えた今もバリバリの暴走族！　を見たことがありますか？

　人は自分に向き合い、自分を知る時間を、いつの日か必ず持つことでしょう。なんにでもタイミングはあると思いますが。

　グループファシリテーションとは、このタイミングも含めて、学ぶ環境をどのようにデザインしていくのか、環境や学びのリソースをどのようにコーディネートしていくのかということだともいえるのではないでしょうか。そう考えると、これからのファシリテーターは「環境デザイナー」といえるかもしれません。

参考文献
国分康孝『チームワークの心理学』講談社、1985

Column

「待つ」

はやしくん

　20年ほど前『わら一本の革命』という本に出会ったころ、私は長野県木曽福島町「幸沢」という山村の村おこしのお手伝いをしていた。幸沢は町から車で20分ぐらい山に入ったところで民家が10数軒しかない山間の集落だった。家の前を流れる沢で岩魚が釣れる。自然豊かなところだ。ここの民家はほとんどが50坪ぐらいの大きな家だが、年寄りしか住んでいない。若い人はみな町に引っ越していってしまった。人が住まなくなってしまい、崩れかかっている家もある。このままではみんなつぶれてしまうかもしれない。そこでここの家を都会の人に貸そうということになった。1人一泊1500円でこの家を貸し出すことにした。炊事道具や寝具は勝手に使ってよい。家に手を加えたわけでもなかったが、都会の人たちには喜ばれ大勢お客さんが来てくれた。たいした収入にはならないが人が来てくれるということだけで村の年寄りに活気がよみがえった。

　そんな村おこしの何かの足しになればと読んだ一冊の本が福岡正信さんが書いた『わら一本の革命』という自然農法について書かれた本だった。私はこの本に感動して愛媛に住む先生に会いに行った。なぜ感動したかというと、福岡先生の農業の方法はなるべくなにもしないという方法だったからである。「なんと自分の生き方にぴったりの人なんだろう」と思ったのだ。

　例えばお米を作るのに田植えもしない、除草もしない、農薬もまかない、田んぼを耕すこともしない。それでも隣りの田んぼと同じぐらいは収穫できる。あれもしなくてもよいのではないか、これもしなくてもよいのではないかという農業である。植物にはそのものの持つ生命力というものがあってその力を十分に引き出してあげる環境を整えるだけでよいのだとい

う。

　私は用意していた質問をぶつけてみた。「福岡先生、長野の幸沢は寒いところです。そんな寒いところでも先生の言う自然農法はできるのでしょうか」。そう聞いたら先生はこう言った。「できるといえばできる。できないといえばできない」。仙人のような風貌の福岡先生のお言葉を私は今も鮮明に憶えている。あとで知ったのだが福岡先生は日本では知る人ぞ知る有名な人で、タイやインドネシアでは国賓として迎えられるような人なのだそうだ。

　今の有機農業というのは農業のやり方を50年前に戻しただけだ。自然農法は科学的な、新しい農業なのだ。ほんとうに何もしないだけだったら植物は育たない。自然のことをよく理解し、自然と折り合いをつけ、自然の力を利用するのが自然農法なのだという。その植物のもつ自然の力が出てくるまで、環境を整えて待つ。人がヘタな手を加えるより自然の力の方がはるかに優れている。だから「待つ」のである。

　プロジェクト アドベンチャー自然流はこんなことがきっかけになっているような気がする。自然の力をどれだけ利用できるか。「待つ」というファシリテーションを追求してみたいと思っている。福岡先生は植物には自分で育つ力があるといった。カール・ロジャースは人間には自ら良くなる力があるといっている。

参考文献
福岡正信『自然農法・わら一本の革命』柏樹社、1975
諸富祥彦『カール・ロジャース入門―自分が"自分"になるということ』コスモライブラリー、1997

Column

脳の中のワナ

KAT

　Self-fulfilling Prophecy（ここでは自己達成予言と訳します）という言葉を聞いたことがありますか？　要するに、自分が何かを行う前に気持ちの中で「こうなるだろう」と予言のようにすでに結果を決めてしまっている事をいいます。脳科学の面から解釈すれば「ある行為を行う際に心の中である程度の結果を予測すると、そのとおりに身も心も動いていく」ということになります。このようなことを日常の中で体験していませんか？

　人は何かを行うときに、それができるという自信があればそれなりのエネルギーを費やして行動するでしょうし、もし反対に自信がなければ精一杯エネルギーを注ぐことを自ら抑えてしまいます。これはスポーツ選手や芸術的パフォーマーの方々には頻繁に実感されることです。

　この自己達成予言は「おまじない」のようなものと思ってください。そして、これは自分自身の声だけで起こるのではなくて、他人から言われた言葉や態度によっても起こります。ですから、人に投げかける言葉に気をつけないと、その人のパフォーマンスの結果を左右することになってしまいます。身近な例では、本人は具合が悪いなどの自覚症状がないのに、他の人に「具合悪そうー、大丈夫？」と聞かれた瞬間から、その言葉を意識して調子が下り坂になることがあります。

　そう考えると、何年も「おまえはホントに何をやってもダメだなー！」というようなレッテルを貼られ続けた場合、その本人の自己イメージは予言されたとおりになっていくことでしょう。恐ろしや！

　私たちの研修に参加される先生方は、PAを学校教育に生かして、フルバリューな学級づくりや学校全体を楽しく安心して学べる場にすることを目指したり、個人の探究心やアドベンチャーの心を引き出すようにしよう

と、一生懸命に自ら体験をして学んでいかれます。その一方でよく聞かれる言葉に「PAをやりたいけど、時間がない」「学期に1〜2時間の特別学級の時間しかない」「他の先生に伝えることができない・賛同を得られない」「道具がない」「ゲームをできる状態にない」などがあります。PAをやる時間がない……、という言葉が今の現状を伝えてくれます。フルバリューし合うことやチャレンジすることは、日常の中で実践されていくことです。PAの時間や空間がまるで教科の単元のように用意されていて、かっちりと行われるべきことと誤解されている気がします。またPAが非常にユニークなユーモアも含んだアクティビティ（ゲーム）を通して考え方や課題を共通体験するために、なんでもゲームを行わなければという誤解があるのかもしれません。

毎朝の「おはよう」のあいさつから始まり、今日の目標、昨日できなかったことを今日はどうするのか、新しい学びにどうチャレンジをするか、そうしたことをひとつひとつ考えていけば、毎日何かを発見するというアドベンチャーの時間を提供できると思うのです。チャレンジは実際に行う前に脳内で起きていることです。つまりチャレンジは行動をするずっと手前に起こっているのです。何もみんなでアクティビティを行うことだけがＰＡの時間ではありません。朝一番、教室で顔を合わせるその瞬間からその日のアドベンチャー学習は始まっています。

ＰＡを使って何を学んで欲しいのですか？　なぜ学んで欲しいのですか？　もう一度ふりかえって考えていただければと思います。PAの本質は、どのように創造的にかつ想像的に学んでいくかです。そして、アドベンチャーは刺激です！　アドベンチャーは楽しさです！　アドベンチャーには意味があります！　もしPAをやるうえで大きな課題があるならば、それに創意工夫を武器にチャレンジすることもアドベンチャーなのです。

自己達成予言−この予言をプラスに使い「できる！」と思えれば何事も効果的です。しかし「ダメだ！」が頭を横切るとすべては下降線をたどることになります。口に出す、出さないを問わず、自分自身に向けられる言葉には気をつけてください。言葉を出す前に脳はすでに反応をしているのですから。

第2部

アクティビティ集
ACTIVITIES

1 アクティビティ(活動)のタイプ

　第2部では、プロジェクト アドベンチャー ジャパンのファシリテーターがプログラムで使っているアクティビティの一部をご紹介します。この本で紹介しているアクティビティは、下記のタイプに分けられていますが、使い方によっては効果や意味が異なってくる場合もあります。第1部で説明したように、グループの年齢、状況、目的などを考慮して役立ててください。

1 アイスブレーカー(IB)・ウォームアップ(WU)

【目的】
　グループのメンバーが互いに知り合うこと。ゲームを楽しみながら、親しい関係を築く。

【特徴】
- 楽しむことが大切である。
- グループのメンバー同士の関係が、基本的に穏やかで対立のないものになる。
- 成功体験を大切にする。最小限の努力で達成できる活動である。
- 最小限の話合いと意思決定の能力があれば誰でも参加できる。

＊アイスブレーカーは氷を溶かすという意味で、緊張感と氷のように冷たく感じられる雰囲気を氷になぞられて、それを溶かす、緊張を解いていく活動のことです。

2 ディインヒビタイザー(DI)

【目的】
　グループの参加者が比較的低いレベルのリスクに挑戦できる場を与える。人の前で失敗する恐れがあっても、積極的に行動できるようになる。

【特徴】
- 心理的、身体的リスクがあるので、不安やフラストレーションを感じることがある。
- 成功か失敗かを問題にしない。大切なのは努力すること。

- 楽しさに焦点を当てたアクティビティは、参加者自身が考えているよりも、もっと自信をもって人前で何でもできると思える機会を与える。
- 協力的な雰囲気。グループの誰もが積極的に活動に参加し、自信を深めることにつながる。

＊ Inhibitizer は自己抑制するもの・こと。De…はその反意語です。

3 コミュニケーション(CO)

【目的】
　意見や感情を表現する能力を高めること。人の話に耳を傾けること、自分の意見や感情を、言葉や身ぶりで伝えることができるようになる。

【特徴】
- 活動と話合いがコミュニケーションを高める。
- 問題解決が目的である。
- 問題解決には困難がつきものである。
- リーダーシップの才能やスキルはグループの中で育てられる。
- 大部分の活動で、少なくとも5人のメンバーが必要である。

4 イニシアティブ・課題解決(IN)

【目的】
　効果的にコミュニケーションをとって協力し合う経験をすること。簡単なものから複雑なものまで、様々な問題を試行錯誤を繰り返して解決する。

【特徴】
- 問題を解くには、身体を動かすこと、話し合うことが必要である。
- 強いフラストレーションの中では忍耐が必要なことを学ぶ。
- 人の話に耳を傾けて協力することが必要である。
- 困難を乗り越えて目的を達成する過程で、リーダーシップが育まれる。
- 試行錯誤を繰り返して、意思決定／問題解決のプロセスを身につける。

5 トラスト・信頼感を生む(TR)

【目的】
　身体的、心理的なリスクのある様々な活動を通して、仲間といることで自

分は守られていると実感する。

【特徴】
- 身体と言葉の両方を使って仲間と交流する。
- 恐い体験をすることもあるが、大半は楽しい活動である。
- 仲間の安全のためのサポートと協力。
- グループ内に徐々に信頼関係が生まれる。
- 基本的なトラスト・アクティビティは段階を踏んで導入する。これを繰り返し行ってグループのメンバーの安全を確保する。

2 アクティビティで使用する用具・用語

これから紹介するアクティビティに使用する用具について簡単に説明します。これらの用具は活動するうえで、使いやすさと安全性を考えて開発されたものです。ただし、身近な他のもので代用できる場合もあります。その際には、安全性に十分考慮してください。ここで説明した用具はPAJで販売しています。

また、アクティビティの説明の中で、少しわかりにくいと思われる言葉の説明も加えました。

〈用具〉

スポットマーカー：
ビニール製の円盤です。範囲を決めるために三角コーンの代わりに使ったり、立ち位置、陣地を決めたりするために使います。紙皿や輪にしたロープでも代用できますが、紙皿などの場合は、乗った時に滑らないような工夫が必要です。

第2部 アクティビティ集　107

ラバーチキン・ラバーピッグ：

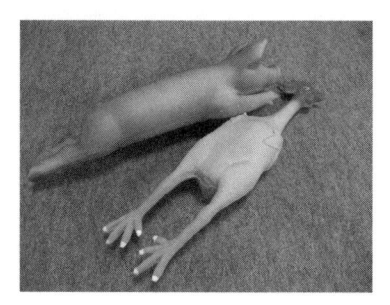

　ゴム製のトリ、ブタのおもちゃです。人によっては可愛い！　ある人にとっては気持ち悪い！　と反応は様々ですが、多くの場合、大きな笑いをもたらします。ボールの扱いが苦手な人でもキャッチしやすいので、ボール代わりに使うとみんなで楽しむことができます。

フリースボール：

　毛糸でできたボールです。当たっても痛くなく、持ちやすいので、楽しく遊ぶことができます。当たっても痛くないボールで代用できます。

プラトンボ：

　プラスチック製の竹とんぼです。みんなで一斉に飛ばすだけでもなんだか楽しいアイテムです。

スポンジボール：

　スポンジ状の大きめのボールです。当たっても痛くありません。

ソフティ：
 柔らかい小さなフリスビーです。アクティビティによってはボールの代わりのような役割もします。

〈用語〉

バンパー：
 おにごっこなど動き回るアクティビティの場合、衝突などの危険から相手と自分を守るために、両肘を曲げて自分の体の前に出して、"バンパー"の形をとって活動します（手の平は前面に向けて肘は体につけます）。

範囲：
 多くのアクティビティで、「範囲」を設定します。参加者の人数、身体能力、雰囲気、アクティビティの内容を判断して、活動を行う範囲を決めます。スポットマーカーやロープなどを置いて、目印にしたりします。

ボランティア：
 見本を見せる時に手伝ってくれる人や、スタートの時に始める人（おに、探偵役などアクティビティによってその呼び名は変わります）が必要な時、指導者が指名するのではなく、「ボランティア」を募ります。

スポッティング（Spotting）：
 チャレンジャーがロープスコースのローエレメントなどの活動中に、エレメントから落ちたり、転んだりするのを防ぐために安全ネットの役割をメンバーが担うものです。チャレンジャーがいつ落ちても守れるように注意深さが必要になります。

3 アクティビティのスペックに関する用語

　各アクティビティには共通したスペック（仕様）が示されています。そこで使われている用語を説明します。

対象年齢：
　本書では、小中学生が参加することを考えて活動の説明をしているので、対象が小学生から中学生の間になっています。しかしルールや導入方法を工夫すれば、子どもから大人まで幅広く活用することができます。

タイプ：
　アクティビティのタイプとして先に説明しました。参考にしてください。やり方によっては、書かれているタイプとは違った効果になる場合もあります。

時間：
　活動に必要なおおよその時間を示しています。やり方や参加者の状態によって、所要時間はかなり変わってきます。

人数：
　活動をするのに適切な人数、必要な人数を示しています。

必要な体験：
　その活動を行う前にしておいたほうがよい経験、活動について説明しています。

用意するもの：
　活動に必要な道具、材料を示しています。必ずこれを使わなければならないというものはないので、代用できるもので行ってください。

安全メモ：
　アクティビティを安全に行うための注意点をあげています。

ふりかえり：
　ふりかえりをするうえでのキーワードを紹介していますが、毎回ふりかえりをする必要はありません。また、他のアクティビティにも使うことができますので、グループの状況に合わせて活用してください。

01 ネーム遊び

自分の名前を使って遊ぶ自己紹介のゲームです。

ファシリテーター
Mab

対象年齢
小学生以上

タイプ
アイスブレーカー・ウォームアップ

時 間
10分程度

人 数
何人でも可能

必要な体験
特になし

用意するもの
小道具(ラバーチキンやフリースボールなど)

手順

1 一つの円（輪）になります。

2 ファシリテーターから時計回りで小道具（ラバーチキンやフリースボールなど）を順番にまわしていきます。

3 小道具が自分にまわってきた時、自分の名前（本名）を言います。

4 言い終わったら、隣の人に小道具を渡してあげます。これを続けていきます。

5 一周して小道具がファシリテーターまで戻ってきたら、その次に反時計回りで小道具をまわしていきます。

6 そのときに名前も反対読みで発表していきます。

7 例えば「ヤマダ　タロウ」なら「ウロタ　ダマヤ」、「サトウ　イチロウ」なら「ウロチイ　ウトサ」といった感じです。

ファシリテーターからひと言

◆この活動はお互いに名前を覚えていく初期段階で使うことができます。

◆反対から読み上げているとき、間違えても誰もわかりませんから、楽しく活動してください。

◆バリエーションとして中学生以上なら、自分の名前をローマ字に変換し

て、それを反対から読み上げる方法があります。これは英語読みにこだわらず、どんな言語でもかまいません。名字と名前の一部をドッキングさせても面白いです。例えばヤマダ　タロウ「YAMADATARO」なら「ORATADA　MAY」（オラターダ　マイ）こんな感じです。
◆創造力を働かせて楽しみながら活動しましょう。新しい発音が見つかるかもしれません。

02 アンケート

仲間が知っているいろいろなことを集めていきます。

ファシリテーター	Mondy
対象年齢	小学5年生以上
タイプ	アイスブレーカー・ウォームアップ
時間	15分
人数	5人以上
必要な体験	なし
用意するもの	紙、ペン、クリップボード（下敷きなど）のようなもの

手順

1 あらかじめ質問（10個程度）が書かれているアンケート用紙を作成しておきます。
質問内容は、
　①知っているようで知らないこと
　　例：「富士山の標高は？」「トイレットペーパー、1ロールの長さは？」
　②書けそうでかけないもの
　　例：「アリの絵」「校章」など
　③時事系
　　例：「今日は何の日？」「サッカー日本代表は○対○で勝ったor負けた」など
　④誰でも答えられるもの
　　例：「私の特技は、○○です」「私の趣味は○○です」

2 説明をした後、全員いっせいに質問の答えを知っている人を探し出し、その答えとその人のサイン（芸能人風でも署名でも可）をもらいます。探し方は大声を出す、自らアピールするなど、自由です。

3 同じ人に複数の答えとサインをしてもらわないようにして、時間内にできるだけ多くの人から書いてもらいます。

03 サイン集め

まずは名前を集めて、次にサインを集めます。

ファシリテーター
Mondy

対象年齢
小学5年生以上

タイプ
アイスブレーカー・ウォームアップ

時間
15分

人数
5人以上

必要な体験
なし

用意するもの
紙、ペン、クリップボード（下敷きなど）のようなもの

手順

1. 紙を1人1枚持ちます。

2. スタートの合図で、その紙に誰でもいいので5人に名前（姓名）を書いてもらいます。

3. 5人に名前を書いてもらったら円に戻ります。

4. 次に、自分が呼ばれたいニックネームを考えてもらいますが、発表はしません。

5. 全員が呼ばれたいニックネームを決めたら、スタートの合図で名前（姓名）を書いてもらった人を探し出し、名前の横にニックネームを書いてもらいます。

6. 5人全員にニックネームを書いてもらったら円に戻ります。

7. 順番に1人ひとり自分の名前を発表し、発表した人のニックネームを書いてもらっている人は、その人のニックネームを声を合わせて発表してもらう。本人と一緒にいっせいに発表してもいいです。

04 | Q²

カテゴリー分けや共通の人集めのよい部分を集めました。

ファシリテーター	**アダム**
対象年齢	中学生以上
タイプ	アイスブレーカー・ウォームアップ
時間	30分
人数	12人以上
必要な体験	なし
用意するもの	Q²カテゴリーリスト（例を参考にして作成してください）

手順

原題Q Squaredは、Q^2（Qの二乗）という意味です。つまりクエスチョン・クエスチョン（質問だらけ）です。かっこいい名前でしょう？

1 1つ目の質問を元に、それぞれグループになります。小グループになったら、2つ目の質問について好きなように話をします。これがタイトルの由来です。（質問の後に、また質問＝Q^2（クエスチョンの二乗））

2 初めの質問は、小グループにまとまれるようなものにします。例えば、よく乗る車の種類で集まってもらいます。フェラーリを持っている人は、きっと1人だけなので、一番近そうな車のグループに入ってください。小グループになったら、グループの中で話し合えるような2つ目の質問をします。

＜サンプル＞
・小グループに分けるための質問（Q^1）—自分が乗っている車と同じ種類の車に乗っている人と集まる。
・小グループで話す質問（Q^2）—車で旅行するならどこに行く？ それは何故？

　サンプルのように、1つ目と2つ目の質問にはなんとなく関係があるとよいでしょう。

3 質問例をあげておきます。
- 何時に起きる？
- 金と銀なら？
- 最後に見た映画は？
- 今日の朝ごはんは？
- 浜辺、街中、田舎、山なら？
- 好きなアイスクリームは？
- 好きな色は？
- 好きなラーメンの味は？
- 旅をするならどこ？
- 好きな曜日は？
- どこで生まれた？
- 何の洗剤を使っている？
- 朝型？ 夜型？
- 飼っている動物は？

ふりかえり

● 既成のグループのときには、仲間について新しく知ったことはあるかを聞くこともありますが、新しいグループのときは、そのまま先に進めます。

ファシリテーターから ひと言 ◆参加者自身のことや興味、どんな質問が適切かを考えることによって、この活動の効果が増します。

05 チェンジアップ

配られた数字カードの色やトランプのマークごとに小さい数字から大きい数字の順に並びます。

ファシリテーター
はるみ

対象年齢
小中学生

タイプ
アイスブレーカー・ウォームアップ

時間
20分

人数
最低30人、ちょうどよいサイズは40～60人（多いほうが楽しい！ 120人だと豪快！）

必要な体験
エラーを楽しめる活動。思わず笑ってしまう楽しい活動。

用意するもの
色カード、トランプなど

手順

40人で色カードを使った場合

1 1つの辺に同じ位の人数になるよう全員で1つの四角を作ります。同じ辺にいる人がチームメンバーです。

2 全員で同じポーズを練習します（例えば、力こぶをつくるポーズで『イエス！』と言うなど）。

3 あらかじめ用意した数字カード（4色：青、緑、黄色、赤などに1～30までの数字を1枚に1つ書いておき、色ごとにランダムにする）を辺にいる人が同じ色になるように1人1枚ずつ数字を下にして配ります。カードを下向きにしてチームメンバー間で5人と交換し、今いたところに戻ります。

4 『3・2・1・オープン！』とかけ声をかけるので、『オープン！』で、手をあげ数字を確認します。1～30までの数字で抜けている数字もありますが、順番に近くなるように並び、でき上がったらチームごとに『イエス！』のポーズをとります。1の次は2ですが2がなくて、1の次が4の場合もあります。

5 2回戦目は今いる位置（両隣が誰か）を確認後、チームメンバーでカードを下向きにして5人とカードを交換し、今いた場所に戻り、『3・2・1・オープン！』で全員が並び終えてポーズを取ったら、3回戦

に入ります。

6 2回戦と同様に位置を確認し、違うチームの人も含め5人とカードを交換し、今いた場所に戻ります。今度は同じ色を持っている人がチームメンバーになり、『オープン！』のかけ声で同じ色の人を探し、どこにどの色が集まるかはチームごとに決め、順番に並びます。4〜5回戦位で終わりにします。

ファシリテーターから ひと言

◆少人数の場合は、四角ではなくて三角で行うとよいです。
◆色カードではなくて、トランプも使えます。
◆5回戦目は数字を英語にしてアルファベット順に並ぶのも面白いです。
◆声が出しにくい場合も、数字を見せることで自分の居場所を確認できます。

06 ウェスタンチャレンジ

頭の体操系21世紀型じゃんけん

ファシリテーター
Mondy

対象年齢
小学4年生以上

タイプ
アイスブレーカー・ウォームアップ

時間
15分

人数
5人以上

必要な体験
なし

用意するもの
なし

手順

1 全員が西部劇の早撃ちの名手（時代劇だと剣の使い手）を気取ります。スタートの合図で歩き回りながら、目が合った人と2人組になります。

2 互いに向き合い、早撃ち名手（剣の使い手）を気取りながら、自分の呼ばれたい名前を「○○だ」なんて言い合いながら握手をする。

3 手を背中にまわして、自分の数字を決めて指を折ります。

4 「いざ勝負」の掛け声で同時に両手を出し、2人の出した数の和を先に言ったほうが勝ちです。決着がついたら、次の相手を探し求めていきます。

<バリエーション>
①引き算：2人のうち、大きい数字から小さい数を引いた数を先に言う。
②掛け算：2人の指の数をかけた数字を先に言う。ルールとして0はなし。
③チャレンジ！ 割り算：大きい数字を小さい数字で割り、○○あまり○と先に言う。これまた0はなし。

ふりかえり

● (指の出し方を) 工夫した人はいる？

07 7-11

互いの数を合わせて、「7」「11」をつくります。

ファシリテーター	Mondy
対象年齢	小学3年生以上
タイプ	アイスブレーカー・ウォームアップ
時間	15分
人数	5人以上
必要な体験	なし
用意するもの	なし

手順

1 2人組をつくり、互いに向き合います。

2 手を背中にまわして、自分の数字を決めて指を折ります。

3 「せーの」で同時に片手を出し、互いの数字を足して「7」になるまで続けます。合わせて「7」になったら、まずは喜び合いましょう！ そして次の相手を探し、同じように続けていきます。

4 適当なところで、次のステップへ。次は両手を出し、足して「11」になるまで続けます。合わせて「11」になったら、やっぱり、まずは喜び合いましょう！

5 今度は次の相手ではなく、3人組、4人組と人数を増やしてトライしてみます。

ふりかえり

●出す数をどうやって決めた？
●足してなかなか「7」「11」にならないとき、どんな工夫をした？

08 トレジャーハンティング

いろいろな人の経験を宝に見立てて、宝の持ち主のサインを集めます。

ファシリテーター
はるみ

対象年齢
小中学生

タイプ
アイスブレーカー・ウォームアップ

時間
20分

人数
15人以上（多ければ多いほど楽しいです）

必要な体験
特になし

用意するもの
サイン用紙、ペン（人数分）

手順

1. サイン用紙を作成します。いろいろな経験を一行ずつ書き、サインできるスペースをつくります。（例参照）
2. 紙に15〜20問くらい用意したサイン用紙を1枚ずつ配ります。
3. 用紙に書かれた経験をしたことがある人のサインを集めます。できるだけ多くの人のサインを集めます。
4. 1回につき1つ質問ができます。質問された人は経験があれば、相手の用紙の受けた質問のところにサインをしてください。質問をされたけど、その経験のない人はサインができません。
5. 20分後のストップの合図までに、できるだけ多くの人のサインを集めます。

ファシリテーターからひと言

◆時間内に全部にサインをもらえた人がいたら、同じ経験の持ち主で他の人はいないかを探すチャレンジをしてみるとよいでしょう。
◆自分と同じ経験や興味あることを経験しているなどの情報が入るので、活動後に話すきっかけにもつながります。
◆サインの多さによる勝ち負けはありません。
◆年齢に合わせて経験（質問）の内容を変える必要があります。
◆用意したサイン用紙でチャレンジした後、自分たちでサイン項目を考え

て用紙を作ることもできます。その時は、グループごとにサイン用紙を作成し、作った用紙を交換してチャレンジしてみるなど、進め方をアレンジするとよいでしょう。

＜サイン項目の例＞
- 30㎝以上の魚を釣ったことがある人（　　　　　　　）
- 楽器を演奏できる人（　　　　　　　）
- １等賞をとったことがある人（　　　　　　　）
- 川で泳いだことがある人（　　　　　　　）
- 流れ星を見たことがある人（　　　　　　　）
- 絵を描くのが得意な人（　　　　　　　）
- 外国に行ったことがある人（　　　　　　　）
- 飯ごうでごはんが炊ける人（　　　　　　　）
- 県庁所在地を10県以上知ってる人（　　　　　　　）
- マフラーを編んだことがある人（　　　　　　　）
- 雪の結晶を見たことがある人（　　　　　　　）
- 生き物が誕生する瞬間に立ち会ったことがある人（　　　　　　　）
- サッカーでゴールキーパーをしたことがある人（　　　　　　　）
- きょうだいゲンカをしたことがある人（　　　　　　　）
- 自分と同じ誕生日の人に会ったことがある人（　　　　　　　）
- 2000m以上の山に登ったことがある人（　　　　　　　）
- ペットを飼ったことがある人（　　　　　　　）
- 除夜の鐘をついたことがある人（　　　　　　　）
- テレビに出たことがある人（　　　　　　　）
- 嬉し涙を流したことがある人（　　　　　　　）

09 奇数偶数

参加者が関わりを持ち、積極的な空気を簡単につくれるアイスブレーカーです。

ファシリテーター
アダム

対象年齢
なし

タイプ
アイスブレーカー・ウォームアップ

時間
10分

人数
6人以上

必要な体験
なし

用意するもの
小さな豆また小石を1人あたり12〜15個（あればもっと）、バケツ

手順

1 この活動の目的は、相手が偶数、奇数のどちらかを出してくるかを当てて、より多くの豆を獲得することです。急がなくても大丈夫。豆がなくなったら真ん中に置いてある豆補給バケツがあるから！

2 誰かとペアになります。相手に取られるかもしれないというリスクを背負って、片手に自分の好きな数の豆を持って前に出します。相手は豆の数が偶数か奇数かを当てます。当たったら豆がもらえます。次に相手が豆を差し出す番です。1回ずつ挑戦したら、次の相手を探しに行きます。

3 真ん中に置いてある、豆供給バケツから、1人10〜15個の豆を渡して始めます。

ふりかえり

● このアイスブレーカー（ウォームアップ）では何か起きないかぎり、ふりかえりはしません。

10 ネームトス

信頼関係の基本は名前を覚えること。でも楽して名前が言えればよい。

ファシリテーター
はやしくん

対象年齢
名前が言えればよい

タイプ
アイスブレーカー・ウォームアップ

時間
20分〜40分

人数
大勢の場合は8〜12人程度のグループに分割する。多すぎるとはやしくんの場合は覚えられないのでつまらなくなる。

必要な体験
事前に軽いウォームアップを3つぐらい。いきなりやるには負荷が大きい。

用意するもの
ラバーチキン、フリースボール

手順

1 1グループにラバーチキン1個とフリースボール5個ぐらいを用意する。なければ雑巾でもタオルでもよい。あまりきたなかったり重かったりするものは不可。

2 輪になってファシリテーターがラバーチキンを1個持ち、説明する。

3 「いまからこのラバーチキンを順に回していきます。自分のところにチキンがきたらみんなに自分の名前を発表してください。名字（姓）は今回はなしにします。名字を使うとどうも固くなっていけません。名字以外であれば何でも結構です。小さいころこう呼ばれていた。昔からこの名前で呼ばれたかった。キャサリン、エリザベスなんでもOKです。思いつかなかったら下の名前（ファーストネーム）でも結構です。名字以外です。では今からちょっとの間に今日呼ばれたい名前を決めてください。それから「さん」とか「くん」とか敬称は省略してください。呼び捨てにされても怒らないでください。悪気はないんです。はい、では私は「おいしょ」です。じゃあ右から回します。はいどうぞ」と言ってラバーチキンを手渡します。

4 一順してきたところで「それでは、これから名前覚えに入ります。このチキンを誰かに優しく投げます。

第2部 アクティビティ集

そのとき投げる相手の人の名前を言って投げます。『はいマブ』、受け取った人は『サンキュー』、『ありがとう』なんでもいいです。お礼の言葉と一緒に投げてくれた人の名前を言います。『サンキューおいしょ』。マブはこんどは別の人に投げます。相手の名前を忘れてしまったら、素直に聞いてください。聞かれたらすぐに教えてあげましょう。これは名前を覚えるためのゲームです。なるべく忘れてしまった人に投げてみてください」。

5 少し慣れてきたら、フリースボールを一つ加えて、ラバーチキンとフリースボールでやってみます。もっと慣れてきたらフリースボールをどんどん増やします。

6 だいたい覚えてきたところで「では今から輪を目いっぱい広げてください。みんな行けるとこまで広がってください。だいたい20ｍぐらいの輪に広がりましょう。さあ、もう一度続けましょう。大きな声を出さないと聞こえませんよー」。

7 何回かやったところで「では今からは、一度ボールを誰かに投げたら１歩ずつ前に出てきてください」。こうすると少しずつ輪が小さくなってきます。この間、自然にまだボールが回ってこなくて輪の外にいる人がいたらその人にみんなが積極的に投げてあげる様子が普通は見られます。

8 輪が小さくなってきたら小声で「では、今からはボールは手渡しでも届きますね。それでは、こんどは小さい声で名前を呼んでください。すべて小さい声で、ヒソヒソ声でしゃべってください。みんな静かに聞いてください。どれぐらい小さい声で話しても聞こえますかねえ。お礼も忘れずに言ってください、小さい声で」。

9 「ボールを渡したら１歩前に出るのを忘れないでください」。だんだんぎゅうぎゅうになって動けなくなったら、小さい声で「おつかれさま」と言って終わり

にします。

ふりかえり
- 何か感じたことはありますか？
- 途中なにか不安を感じたことがありますか？
- 安心できたことはありますか？

ファシリテーターから ひと言
◆ただ名前を覚えるだけでこんなに時間をかけるのは無駄なような気がします。でもこれはゲームだと思ってやりましょう。楽しければいいのです。

◆名前を覚えたらどんどん使いましょう。使わないと忘れてしまいます。

◆必ず最後の上記9までやらなくてもOKです。でも最後が一番面白いのです。

11 みんなおに

とにかく自分以外の人は全員がおにの鬼ごっこ

ファシリテーター
すずめ

対象年齢
小中学生

タイプ
アイスブレーカー・ウォームアップ

時間
10分程度

人数
15人以上

必要な体験
ストレッチなど体の準備

用意するもの
鬼ごっこの範囲を仕切る目印

手順

1 範囲の中で広がってください。スピードは歩く、走るのどちらかに決めます（走る場合は範囲を十分確保してください）。

2 みんなおにであり、逃げる人でもあります。他の人にタッチされないように逃げながら誰かをタッチします。

3 もしタッチされた場合はその場にしゃがみます。

4 安全のためバンパーを使って行います。

5 あっという間に終わってしまうので、また挑戦してみましょう。

安全メモ
タッチされてしゃがんでいる人につまずかないように、開始する前に十分注意してください。

ファシリテーターからひと言

◆ 2人同時にタッチした場合はどうするか？ 相談してみてください。

◆ すぐに終わってしまうのでつまらないという場合は、タッチされてしゃがんでいる人が「ヘルプ」と叫んで手を上げたときに、誰かが手にタッチして復活させてあげることを加えてやってみるとよいでしょう。

◆ 進行方向は前のみにしたり、スローモーションにするとさらに楽しい鬼ごっこになります。

12 ケージサッカー（フラットボール）

自分の股下の空間と隣の人の間にできた空間をゴールに見たて、サッカーをします。

ファシリテーター	**とも**
対象年齢	小学低学年〜中学生
タイプ	アイスブレーカー・ウォームアップ
時間	15分程度
人数	8人以上
必要な体験	なし
用意するもの	ビーチボールかスポンジボール

手順

1 輪になります。

2 足を大きく横に広げ（肩幅以上）隣の人と足を並べて、ゴールをつくります。それぞれの股下か、相手との間の空間がゴールです。

3 ボールは70〜80％程度まで空気を入れたビーチボールか、スポンジボール（大きめがよい、直径20cm程度）を使います。

4 股下ゴールに得点すると1点、相手との間にゴールすると2点です。

5 前かがみになり、手を使ってゴールを守ります。もちろん体を使って防御できますが、足の位置を移動することはできません。

6 あきてしまう前に、適当な時に終わりにします。

安全メモ

手を振り回すと近くの人に当たってしまうことがあるので注意を促します。身近でボールを扱うので、硬いボールは使いません。

ファシリテーターからひと言

◆クイックエナジャイザー（エネルギーレベルを上げるちょっとした活動）的要素をもっています。

◆知らず知らずに小さな協力が生まれます。

◆誰にでも楽しめるサッカーです。

第2部 アクティビティ集

13 数まわし

数字をどんどんまわしていきます。が、そこにはいろんなルールがあります。

ファシリテーター
Mondy

対象年齢
小学1年生以上

タイプ
アイスブレーカー・ウォームアップ

時間
15分

人数
8人以上

必要な体験
なし

用意するもの
なし

手順

1 みんなの顔が見えるように全員で輪をつくります。

2 時計回りで1人ずつ1、2、3と順番に数を言っていきます。

3 まず3がつく数字を声に出してはいけないというルールを加えて、また数を言っていきます。

4 さらに3がつく数字に加え、3の倍数も声に出してはいけないなどのルールを加えます。

5 一周したら終わりではなく、全員で目標の数を決めて、ミスなしでその数字に達するまでチャレンジします。

6 間違ったら、間違えた人の次からスタートするようにすると、毎回同じ人が同じ数字を言わなくてもよくなります。

＜バリエーション＞

① 声を出さないのではなく、手を叩くなどの声以外を使う。

② 目標にする数字は少なすぎず、多すぎない程度で。3〜4周する程度で。

③ 人数によってルールを考えてください。例えば、9人でやった時に3の倍数をルールにすると、ずっと

声を出せない人が出てしまいます。
④ルールを加えすぎると、誰も声を出せなくなってしまうので注意!

ふりかえり
- 個人、全体でどんな工夫をした?
- どんなことに注意(意識)した?

14 サンダンス *

晴れを祈ってみんなで踊ります。

ファシリテーター	アダム
対象年齢	何歳でも
タイプ	アイスブレーカー・ウォームアップ
時間	15分
人数	12人以上
必要な体験	特になし
用意するもの	ばかばかしいことへの正しい評価

＊桃太郎から教えてもらいました。

手順

雨の日のプログラムに最適です。雨が降ってきたら、みんなで集まってこのサンダンスを教えましょう。数分のうちに空は晴れわたり、雨に邪魔されずに活動を続けることができます。もし雨が止まなかったら、これからの説明のどこか大切な部分が抜けているので、もう一度読んでみてください。それでも止まない場合、数日経ってから再挑戦しましょう。

1 2人一組になります。向かい合って、お互いの手をつなぎます。人によっては怪しい感じがするかもしれませんが、天気と向きあうことは、うしろ指をさされるような行為ではありません！

2 ペアで手をつないだまま、片側にジャンプし、次に反対の足でジャンプします。次に、片側2回、反対側2回に増やします。そして、3回ずつ、4回ずつと増やしていきます。続けて1から4回までできたら、今度は4回ずつやって、次は3回から1回へ戻していきます。

3 この方法を覚えたら、ペア同士で集まって、今度は4人で手をつないで輪になってサンダンスをします。4人が生まれた時から踊っているかのように素敵に踊れるようになったら、全体で輪になります。

4 グループ全体のサンダンスは、まず大きな輪になって行います。最後のサンダンスは、輪の状態のまま全員が同じ方向を向きます。自分の前にいる人の肩に手を置いてマッサージサークルになります。最後のチャレンジは、輪の状態のまま前に進みながら、今までやってきたサンダンスを踊ります。ここで天気は変わります！ それまでの部分は練習です。

ふりかえり
●何か起きないかぎりは特にふりかえりをしません。グループが雨をユーモアに変えるという面白いサブテーマを含んでいます。

15 ラインアップ

いろいろな条件に沿って、みんなで並び替わります。

ファシリテーター
Mondy

対象年齢
小学生以上

タイプ
アイスブレーカー・ウォームアップ

時間
10分

人数
8人以上

必要な体験
なし

用意するもの
なし

手順

1 みんなの顔が見えるように全員で輪をつくります。

2 基準になる箇所を決めて、テーマに沿って並び替わることを説明します。

3 テーマ(誕生月日など)を発表します。

4 全員でその順番に並び替わります。

5 順番に並び終わったら、全員で合図(うなづくなど)をしてもらいます。

6 1人ひとり、順番に確認を行います。

＜バリエーション＞

① 言葉を使わずに並び替わってみる。

② ジェスチャー(指で数字を表すなど)もなしにしてみる。

③ 昨夜の睡眠時間順に並び、その後理想の睡眠時間順に並ぶと、その日の体調チェックをすることもできます。

④ 自分を動物にたとえて、その大きさ順になる(中学生以上向け)。

ふりかえり
- 工夫したところは？
- 言葉を使わない時はどうやった？
- 相手に伝わらなかった時、どんな気持ちがした？
- 伝わった時はどんな気持ちだった？
- 自分の睡眠時間から、今日の体調は？

16 チキンベースボール

ラバーチキンを投げて行うベースボールです。

ファシリテーター
Mab

対象年齢
小学生から

タイプ
アイスブレーカー・ウォームアップ

時間
10分程度

人数
何人でも可能

必要な体験
特になし

用意するもの
ラバーチキン1匹

手順

1 グループを2つに分け、先攻後攻を決めます。攻撃方法は、先攻チームの誰かがラバーチキンを好きな方向に投げ、投げた人が自分のグループメンバーが寄り添いあってひとかたまりになっている周りを回り、1周で1点とします。攻撃範囲（ラバーチキンを投げる方向）は全方向（360度）可能です。

2 守備チームは投げられたチキンを取りに行き、1列に並んで自分の股の下から両手でラバーチキンを後ろの人に渡します（股の下からではなく、頭の上から渡しはじめても可能です）。次の人はラバーチキンを受け取り、今度は頭の上から両手で後ろの人へ渡します。これを交互に繰り返していきながらラバーチキンを最後尾の人まで送っていきます。

3 最後尾でチキンを受け取った人が「アウト」と宣言します。その時点ですぐに攻守の交代です。すぐに最後尾の人がラバーチキンを好きな方向に投げてください。攻撃時間は守備側の最後尾の人が「アウト」と宣言するまで、得点を加算することができます。

ファシリテーターからひと言 ◆理由なく楽しんでください。ただし、やりすぎには注意しましょう。かなりの運動量ですから。5回戦程度がちょうどよいでしょう。

17 数かぞえ

数字が重ならないように、みんなで積み上げていきます。

ファシリテーター
Mondy

対象年齢
小学3年生以上

タイプ
アイスブレーカー・ウォームアップ

時間
10分

人数
8人以上

必要な体験
なし

用意するもの
なし

手順

1 全員で輪をつくります。

2 合図をしないで誰からでもいいので「1」と言います。

3 次に誰かが「2」、その次は誰かが「3」と、数字を1人1回言っていきます。

4 誰かと数字（声）が重なったら、最初からやり直しです。

5 声が重なることなく、全員が数字を順番に言い切れたら成功！

＜バリエーション＞
① 目を閉じる。
② 1のときは1人が、2のときは2人同時に、3のときは3人同時に、手を上げるまたは足を出す。

ふりかえり

● やっている最中は、どんな気持ちだった？
● 数字を声に出した時の気持ちは？

18 かるがも母さん

かるがも母さんが後ろにいる子どもたちを、おおかみに捕まらないように守ります。

ファシリテーター
とも

対象年齢
小学低学年～中学生

タイプ
アイスブレーカー・ウォームアップ

時 間
15～20分程度

人 数
6～7人一組でいくつでも

必要な体験
なし

用意するもの
なし

手順

1 6人一組に分かれます。小グループの中でおおかみとかるがも母さんを決めます。その他の人は母さんの後ろにつながってかるがもの子どもになります。適切だと考えられる場合は、一番最後の人はシッポ（例：バンダナを腰からたらす）を付けます。

2 おおかみは一番最後の子どもを捕まえようとします。かるがもたちは離れないようにして、おおかみから最後の子どもを守ります。かるがもはおおかみに触れることはできません。

3 一番最後の子におおかみがタッチしたら、その回は終了です。どうしても捕まえられないようなら、折をみておおかみ過労につき交代ということにして、4の手順に移ります。

4 役割を交代します。さっきまで母さんだった人がおおかみに豹変します。さっきのおおかみは最後の子どもになります。かるがもの2番目の人が母さんになり、次の戦いに入ります。

5 色々な役割を体験して楽しめた、もしくは程よい疲れが見える程度で終了にします。

安全メモ

一部の人を除外するような雰囲気がある場合には、その雰囲気について向き合い努力することを始めてから、行ったほうがよい活動です（フルバリューに関する章が参考になります）。

ふりかえり

●気になった事件がなければ、ふりかえりは特にせず、次の活動に移るのはよい流れでしょう。

ファシリテーターからひと言

◆色々な活動の動きに対応できるよいウォームアップです。

◆運動量が多いウォームアップです。

◆守り守られるという要素のある活動です。

◆お互いのことを思いやる雰囲気のあるグループ、もしくはそういうグループをつくろうと努力をはじめているグループに向くでしょう。もしかしたら、見えなかった人間関係が見えるかもしれません。

19 ぱちぱちインパルス

まず、みんなの意識を集中させたい。

ファシリテーター
はやしくん

対象年齢
5歳以上ぐらい

タイプ
アイスブレーカー・ウォームアップ

時間
10分～15分

人数
10人～50人程度

必要な体験
特に必要なし。ウォームアップの一番初めでも使える。

用意するもの
なし

手順

1 輪になります。

2 今から私がやる動作を私の右の人から順々に送っていってください。ウェーブのように左からきた動作を右の人に送っていってください。

3 では、最初は拍手1回「ぱち」。これを次々に送っていきます。

4 1回まわって元に戻ってきました。これを今度はなるべく早くまわしてください。

5 もっと早く。一周で終わらないで、どんどんまわします。もっともっと早く。

6 はい、それでは次に拍手2回にします。「ぱち、ぱち」これをまわしていってください。

7 スピードがのってきたら、次に拍手2回の後に足踏み1回を入れます。「ぱち、ぱち、どん」です。右足でも左足でもかまいません。最初はゆっくりいきましょう。

8 スピードが上がってきたら、次は拍手2回の後の足踏みを2回にします。「ぱち、ぱち、どん、どん」

9 はい、こんどは拍手2回に足踏み2回のままですが、ひとつのウェーブを追いかけるように次のウェーブが

まわってきます。左からまわってきます、常に左隣の人を見ていてください。左の人にまわってきたら直ぐに自分の番です、次は右の人の番。とにかく早くまわしてください。

10 人数にもよりますが最初は 5 秒おきぐらいに「ぱち、ぱち、どん、どん」信号を送っていきます。少し慣れてきたら間隔を短くしていきます。途中で一周した信号が左隣に戻ってきたらこれも続けて右に送っていきます。どんどん信号の間隔を短くします。最後には間隔を空けずに続けます。「ぱち、ぱち、どん、どん」「ぱち、ぱち、どん、どん」……。なんだか楽しくなってきました。飽きるまで続けましょう。

ふりかえり

●ウォームアップでふりかえりは必要ないと思います。ノリが冷める前に次に行きましょう。ここではテンポが大切です。

ファシリテーターから
ひと言

◆あまり人数が多いときは拍手 1 回だけを何秒で一周できるかやってみます。まったく違う活動になります。目標を決めてやるとさらに面白い。

◆拍手 1 回を右回りと左回り同時にやってみましょう。さて、誰のところで信号が交差するでしょうか。

20 バナナおに*

ただひたすらにバナナ祭り！ バナナをテーマにした鬼ごっこです。

ファシリテーター
Mondy

対象年齢
小学3年生以上

タイプ
アイスブレーカー・ウォームアップ

時間
10分

人数
8人以上

必要な体験
なし

用意するもの
フリースボール（できれば黄色と緑があるといいですね）

手順

1. バナナ菌をもったボール（黄色と緑だと臨場感が溢れます）を持つバナナン（おに）を決めます。
2. バナナンの持つフリースボールでタッチされた人は、その場でバナナになる。バナナになるとは、立った状態で両手を頭上で合わせ、体全体を使ってちょっと曲がり気味のバナナのようになります。ポイントは表情、動けなくなったのでちょっと悲しめの表情を。
3. バナナになっていない人は、バナナになった人を助けることができます。
4. バナナになった人を助けるには、2人が両側からまるでバナナの皮をむくようにバナナになった人の手を開きます。
5. 皮を無事にむかれた人は、動き出せることのうれしさを満面の笑みで表現するのがポイントです。
6. バナナンは全員をバナナにすべく、動き回る！（けっこうハードです）
7. あまりにも熱中しすぎ、ぶつかるなどの安全が欠けてしまうことがあるので、両手を胸の前に上げバンパーをつくる、動く早さを設定する必要があります。

＜バリエーション＞

①バナナンの数を増やします。

*このゲームは、とある中学校プログラムの際に、生徒から教えていただいたモノです。

21 ストップ&ゴー

号令に合わせて動きますが、号令の声と意味が変わると……。

ファシリテーター	Mondy
対象年齢	小学3年生以上
タイプ	アイスブレーカー・ウォームアップ
時間	15分
人数	5人以上
必要な体験	なし
用意するもの	なし

手順

1 全員で輪をつくります。

2 いくつかの号令に合わせて円になった状態のまま動きます。
　「ゴー」の掛声のとき、時計回りに歩き出す
　「ストップ」の掛け声のとき、立ち止まる
　「ジョグ」の掛け声のとき、駆け足になる
　「ターン」の掛け声のとき、進行方向を逆にする

3 しばらくしたら、号令と動きの組合せを少しずつ変えます。
　「ゴー」の掛け声のとき、立ち止まる、
　「ストップ」の掛け声のとき、歩き出す、とか
　「ゴー」の掛け声のとき、駆け足
　「ジョグ」の掛け声のとき、立ち止まる
　「ストップ」の掛け声のとき、歩き出す、など

4 動きを止める「ストップ」という声で動き出すようにすることがポイントです。

5 いきなりすべての掛け声での動きを変えるのではなく、少しずつ変えていきましょう。

<バリエーション>
①参加者に掛け声役をやってもらう。

第2部　アクティビティ集

22 ペーパータグ

片方の手の甲に折りたたんだ紙を載せて、紙を落としあう鬼ごっこ。

ファシリテーター
はるみ

対象年齢
小中学生

タイプ
アイスブレーカー・ウォームアップ

時間
15分

人数
5人以上

必要な体験
特になし

用意するもの
手の甲に載せる紙、セロテープ

手順

1 手の甲に載せる紙を人数分用意します。A5の大きさの紙を半分に折り、さらに半分、さらに半分に折り、約5cm×8cmの大きさにし、開いてしまう3箇所を簡単にテープでとめます。

2 片方の手の甲に紙を載せ、もう片方の手は腰の後ろにまわします。自分の載せている紙を落とさないようにしながら、他の人の紙を落とします。落とし方は、紙を載せている手の指は使えますが、後ろにまわしている手は使えません。

3 1回戦目は自分の紙が落ちてしまった時点でその場で座ります。ある程度のところでストップし、2回戦目に入ります。2回戦目は、自分の紙が落ちてしまっても拾って再び手の甲に載せて続けます。エンドレスに続くので様子を見て終わりにします。

ファシリテーターからひと言

◆範囲は人数に合わせて決めますが、狭いほうが楽しいです。みんなが集まって余裕がある位の大きさがちょうどよい広さです。
◆紙ではなくて、紅茶のティーパックなどでもできます。
◆手の甲に載せるのみで、テープなどで紙を手にとめることはできません。
◆シンプルでとても楽しいアクティビティです。

23 ジップザップ

明るく楽しく「ジップ」「ザップ」と声を出しつつ、盛り上がります。

ファシリテーター
Mondy

対象年齢
小学4年生以上

タイプ
アイスブレーカー・ウォームアップ

時間
15分

人数
8人以上

必要な体験
なし

用意するもの
なし

手順

1 全員で円になります。ボランティア（ジッパー）を決め、円の中心に立ってもらいます。

2 ジッパーは円の中心からでも、近づきながらでもかまわないので誰かを指しながら「ジップ」と声を出します。はっきりと誰を指しているかわかるように指すことがポイントです。

3 ジッパーに指された人は、かがみ（中腰になり）ます。ジッパーに指された人の両側の人は、指された人側の腕を肩まで上げながら「ザップ」と声を出します。

4 以下の場合にジッパーが交代します。

【指された人】かがむタイミングがずれた、かがみ忘れた、など。

【両側の人】腕を上げるタイミングや「ザップ」というタイミングが遅れる、腕を上げ忘れた、「ザップ」と言い忘れた、など。

【その他の人】思わず腕を上げてしまった、かがんでしまった、動いてしまった、など。

できたかできなかったかといった判断は、お互い同士で決めてもらいます。

24 王様と山賊おにごっこ

当たっても痛くないボールを使って当てっこをする鬼ごっこ。

ファシリテーター
すずめ

対象年齢
小中学生

タイプ
アイスブレーカー・ウォームアップ

時間
10分～15分程度

人数
20人程度

必要な体験
ストレッチなど体をほぐす活動

用意するもの
当たっても痛くないボール（スポンジボールや毛糸のボールなど）、鬼ごっこの範囲を仕切る目印

手順

1 王様になりたい人を1人募集します。残りの人は山賊役です。

2 この国には山賊が多く、王様は何とかこの国を山賊のいない平和な国にしたいと思い、王家に伝わる宝を持って山賊退治をします。

3 山賊は王家の宝（ボール）に触れると改心して王様の家族になってしまいます。たとえ宝を受け止めても、転がっている宝に触れても改心してしまいます。王家の宝を持っている時は一歩も動けません。王様とその家族は宝を持っていない時は自由に動けます。

4 山賊は国（鬼ごっこの範囲）の外に出ることはできません。出た場合はもれなく王様の家族になってしまいます。王家の宝が国外に出てしまった場合は取りに行くことができます。

5 王様の家族と山賊の仲間がどれくらい国の中にいるのか知りたい時は「王様（女王様）チェック」と誰でも叫んで確認することができます。その時は王様の家族は優雅に手を振り、山賊は物陰に隠れているポーズをとります。このポーズの時間は3秒程度で、このときは宝の動きも人間も止まります。

6 全員が王様の家族になったら、みんなで王様チェッ

安全メモ

始める前にスピードについてみんなで確認しましょう。つい夢中になってしまうと、宝（ボール）を強く相手に投げつけてしまうことが考えられます。説明の時に「宝に触れると、触ると」という表現を使い、強く当てることは必要ないことを徹底します。

クをして手を振っておしまいです。

ファシリテーターから ひと言

◆ストーリーのある鬼ごっこなので王様と海賊など、環境によって設定を変えることもできます。

◆人数が多いと間延びしてしまうことがありますので、王家の宝を増やしたりスタートの王様の家族を増やしたりすることもできます。

25 かっぱおに（エネルギータグ）

頭に載せたエネルギーが切れないように逃げる鬼ごっこ

ファシリテーター
すずめ

対象年齢
小中学生

タイプ
アイスブレーカー・ウォームアップ

時　間
10分〜15分程度

人　数
10人程度

必要な体験
可能であれば、みんなおに

用意するもの
頭に載せる平たいものを参加人数分（ソフティ、紙皿、Ａ４の紙を４つ折りにしたものなど）、鬼ごっこの範囲を仕切る目印

手順

1. エネルギー（頭に載せる平たいもの）を配り、鬼ごっこの範囲を知らせます。
2. この鬼ごっこでは自分以外の人はみんなおにです。頭にエネルギーが載っている人が参加できます。自分のエネルギーが落ちないように人の体に触らずに自分以外の人のエネルギーを落とすことに挑戦してみてください。
3. エネルギーが落ちた人は安全に注意してその場で止まってください。
4. 安全上の注意として体に触れずにエネルギーを落とすこと、スピードはみんなが楽しめる速さにすることなどを伝えます。

ふりかえり

- 鬼ごっこなので特にふりかえりは必要としませんが、活動中にスピード、身体接触など、気になる点があった場合は、クイックチェックで振り返ることも可能。

安全メモ

相手のエネルギーを落とすことばかり考えていると頭を叩いたり、屈んだ拍子に頭突きをしたりしてしまう場合があります。開始する前に十分注意してください。

ファシリテーターから ひと言

◆エネルギーが落ちてしまった人もまた参加できるように、「ヘルプ」と叫んで手を上げた場合は、エネルギーのある誰かが落ちたエネルギーを拾って頭に載せてあげることができます。ただしその時エネルギーが落ちてしまった場合はその場に止まってください。

◆お煎餅やクッキーなど、平らなお菓子（個別包装のもの）などを使って行うと楽しいし、自分のエネルギーを大切に扱うことができます。終わったら使ったお菓子は休憩などの時間を使って食べる楽しみも！

◆スローモーションだとより楽しい鬼ごっこです。

26 ガーディアン エンジェル

何故か動き、何故か走る。

ファシリテーター
はやしくん

対象年齢
言葉が通じればよい

タイプ
アイスブレーカー・ウォームアップ

時 間
20分

人 数
10人以上がよい。100人以上でも可

必要な体験
特になし

用意するもの
なし

手順

1 輪になります。今からここにいる人の中で2人の人をイメージしてください。1人は自分を狙っている敵の「スナイパー」です。もう1人は自分を守ってくれる「守り神」です。自分だけが知っています。あとで発表したりしません。

2 自分は「スナイパー」から狙われています。その「スナイパー」から逃れるためには自分と「スナイパー」を結ぶ直線の上に「守り神」に居てもらわなければなりません。「守り神」は自分が「守り神」にさせられているということを知りません。だからこっちが動かなければなりません。つまり「スナイパー」と自分を結ぶ直線の上に「守り神」が来るような位置に自分が移動します。

3 では、今から「用意スタート」と言ったら守り神に守られる安全な場所に移動してください。私が「5・4・3・2・1・ストップ」と言います。「ストップ」と言ったところで止まってください。止まった位置でも「守り神」に守られているようがんばってください。

4 くれぐれも安全に。では「用意スタート」。…20～30秒ぐらいで……「5・4・3・2・1・ストップ」。はーい、今、安全に守られている人は手を上げてくだ

さい。

5 次にこんどは違うパターンです。今自分がイメージした「守り神」と「スナイパー」の役割を自分の頭の中でチェンジしてください。さっき「スナイパー」だった人が今度は「守り神」です。「守り神」だった人が「スナイパー」。やることは同じです。では「用意スタート」。

6 さて、第3のパターンです。今度は頭の中で他の人に変えてください。1人は「スナイパー」です。もう1人は「仮の自分」です。

7 みなさんは「守り神」になってください。「仮の自分」をこんどはみなさんが守ってください。つまり「スナイパー」と「仮の自分」を結ぶ直線の上にみなさんが居てもらわなければなりません。「5・4・3・2・1・ストップ」と私が言ったら止まってください。

ふりかえり

● 自分を守っているとき何か感じたことがありますか？
● 自分が守られるのと、自分を守るのとはどう違いましたか？

ファシリテーターからひと言

◆ 急にみんなが走り始めることがあります。あまり危なそうになったときは「ストップ」して走らないことにしてから再スタートしましょう。
◆ 最初のパターンで、時間を切らずにたっぷり時間をかけて全員が守られることができるかやってみましょう。そして1人が少し動いたことが全体にどう影響するか見てみましょう。

27 コピーキャット

輪にいる誰かを選び、気づかれないようにしながら動きを真似ます。しばらくすると……、みんなが同じストレッチをしています。

ファシリテーター
とも

対象年齢
小学低学年〜中学年（恥ずかしさを感じる場合があり、思春期の生徒には向かない可能性あり）

タイプ
アイスブレーカー・ウォームアップ

時間
10分程度

人数
10人以上（あまり少ないとすぐにバレてしまい、つまらない）

必要な体験
なし

用意するもの
なし

手順

1 円になります。

2 それぞれが本人には気づかれないように、円の中にいる誰か1人を選びます。

3 ゆっくりとストレッチを始めます。自由な形でストレッチを始めますが、密やかに徐々に選んだ人の動きを真似ていきます。

4 しばらくすると、全員が同じ動きになっているか、同じ動きをしている小集団に分かれます。

ふりかえり

●誰が誰の真似をしていたのか、確認してみると楽しいです。

ファシリテーターから ひと言　◆ひとつになった感覚や、ちょっとした親近感をもてる活動です。

安全メモ

完璧に真似しようとして体を痛めないように気をつけます。可能なかぎり近づけるようにして、チャレンジバイチョイスの考え方を生かします。必要なら、そのように促します。

28 ミセスバブーシュカ

ストーリーのあるストレッチ

ファシリテーター	すずめ
対象年齢	小学中学年～中学生
タイプ	ウォームアップ、ディンヒビタイザー
時間	15分程度
人数	15人程度
必要な体験	楽しいことを一緒にした体験
用意するもの	なし

手順

1. ストレッチができるぐらいの輪になります。
2. スタートの人（Aさん）が隣の人（Bさん）と次のような会話をします。周りの人は聞いています。
3. A「バブーシュカさんって知っている？」。B「知らない」。A「バブーシュカさん転んじゃったんだって！」。B「えー！　どんな風に？」
4. 次にAさんは「こんな風に」と言いながらバブーシュカさんが転んだ動きをBさんにして見せます。そうしたら一斉にその動きを真似します。
5. Bさんは隣の人（Cさん）と前の2人がしていたのと同じ会話をします。そして「こんな風に」の時にBさんは新しい動きをします。そこで全員の動きが変わります。
6. 次の動きが始まるまで、ほかの人は会話を聞きながら、前の動きを続けます。
7. 最後の人までできたらおしまいです。

安全メモ

動きが激しすぎてついていけない場合は少しスローダウンするようにしてください。転がる動きなどがある場合は地面の安全を十分確保してください。

第2部　アクティビティ集

ファシリテーターから ひと言

◆会話が弾んでいくとさらに面白くなります。スタートの時にいかに面白く始めるかがポイントです。掛け合いの様子を楽しんでください。

◆あまり人数が多いと疲れてしまうので、それぞれのペースで動きを真似ることを伝えてください。

◆「転んだ」という言葉にこだわらずに、いろいろな動きを楽しんでみてください。

◆ちなみにバブーシュカとは、ロシア語で『おばあさん』の意味です。ロシアの農婦が使うスカーフのことで、両端をあごの下で結んで使う三角巾のようなものです。正確にはバーブシュカ（BABUSHKA）だそうです。

29 ピープルトゥピープル

リズムに合わせて体の部位を合わせます。

「おしりとおしり」

ファシリテーター
はるみ

対象年齢
小中学生

タイプ
ディンヒビタイザー

時間
20分

人数
15人以上（奇数）。メンバー数が偶数の場合はファシリテーターも入ります。

必要な体験
人との距離が近い体験。みんなで笑いあえる体験。

用意するもの
なし

手順

1 全員で輪になって集まり、隣同士でペアをつくります。

2 手拍子のリズムに合わせて進行する人が『肩と肩！』などの身体の部位を言い、ペアになっている人と言われた身体の部位を合わせながら、『肩と肩！』と同じように声を出して続きます。

3 いくつか続けた後に『ピープルトゥピープル！』と言います。この時は『ピープルトゥピープル！』と言いながら、別のペアを探して組みます。進行している人も、この時に加わるので、新たに音頭をとる人が1人でます。今度は、その人がリズムに合わせて身体の部位を言います。エンドレスに続きますので、頃合いを見て終わりにします。

ファシリテーターからひと言

◆身体の部位に混ぜて、『笑顔と笑顔』『泣き顔と泣き顔』なども入れると楽しさが増します。

◆地域によっては、身体の部位を特別な呼び名があって、とても面白いです。

30 キングフロッグ

いろいろな動物の動きをパスして遊びます。

ファシリテーター	はるみ
対象年齢	小中学生
タイプ	ディインヒビタイザー
時間	45分
人数	12〜15人
必要な体験	失敗しても笑いあえる体験。目を合わせる体験。
用意するもの	なし

手順

1 進行する人も含めて全員で輪になって座ります。

2 進行する人は"とのさまがえる"で片方の手のひらを上に向けて、もう片方の手で叩き、叩いた手の指先を下に向けてカエルがジャンプして池に飛び込む雰囲気の動作をします。それを参考にメンバー全員が1人1つ動物と動作を考えて決めてもらいます。

3 全員の動物と動作が決まったら、一巡し確認します。"とのさまがえる"が1番で時計回りと反対に行くにしたがって位が下がっていきます。"とのさまがえる"の左隣の人が一番下の席になります。

4 例として、メンバーが"うさぎ""たぬき""サメ""ワニ""くじら"などの動物がいたとします。スタートは常に"とのさまがえる"です。"とのさまがえる"は、自分の動作の後に、自分以外の動物から1つ選んで、例えば"サメ"の動作をします。ここで、"とのさまがえる"から"サメ"にパスをされたので、次は"サメ"の人が自分の動作（サメ）をした後に、自分以外の動物の動作をして、次の人にパスし、どんどんパスをつないでいきます。

5 自分の順番なのに気づかなかったり、動作を間違えたら、みんなでカウントを『ワン！ ツー！ スリー！ アウト！』といれます。『アウト！』になってしまったら、一番下の席に移動します。「アウト」になった人が一番下の席に移動すると、その人の左側に座っていた人たちは１つずつ上の席へと移動することができます。移動をすると移動した先の席にいる動物になります。移動が落ち着いたら"とのさまがえる"から、またスタートします。"とのさまがえる"が「アウト」になって移動すると全員がひとつずつずれて総入れ替えが起こります。

ファシリテーターから ひと言

◆動作だけでなく、鳴き声や音が一緒にあるとさらに楽しさが増します。

◆バリエーションとして動作ではなくて、鼻の下をのばして歯を見せずに声を出すもので"クレイジーフルーツ""クレイジーサミット"を紹介します。"クレイジーフルーツ"は動物の代わりに果物です。例えば"メロン""いちご"などで、歯を見せずに果物の名前を言い、パスをしていきます。

◆"クレイジーサミット"は、歴史上の人物の名前を使います。"クレオパトラ"など。時代を超えて行うサミットは、とても楽しいです。

31 エコーロケーター

探偵をしながらかくれんぼをする聴覚ゲームです。

ファシリテーター	アダム
対象年齢	小学高学年以上
タイプ	ディインヒビタイザー
時間	25分
人数	12〜15人
必要な体験	なし
用意するもの	小さなベル

手順

1 探偵役3〜4人を募ります。残りのメンバーは泥棒役になり、少し間隔をあけています。

2 4人の探偵はグループに体を向けて目を閉じて立ちます。探偵は作戦により、一緒に立つことも、別々に立つこともできます。

3 探偵の仕事は、泥棒が盗んだベルを探すことです。泥棒の仕事はベルを密かに仲間内でまわし、隠すことです。

4 探偵に目をつぶってもらい、泥棒はベルをまわし始めます。探偵がわからないように音を鳴らさないように静かにパスしていきます（ベルの持ち手だけ持つようにすると、チャレンジ度が高くなり、楽しくなります！）。

5 ベルをパスし始めたら、探偵は"リング"と言うことができます。探偵が"リング"と叫んだらベルを持っている人は、リングを軽く鳴らし、またパスを続けます。探偵はベルがどの辺りにあるかを知る手助けになります。

6 最後の"リング"を探偵が言ったら、ベルを持っている人はベルを鳴らし、ベルを隠すために手を握ります。この時、泥棒全員が「ベルを持っているかのよう

に」手を握ります。

7 4回目（最後）の"リング"でベルが鳴ったら、手を握って準備をします。探偵は目を開けて調査します。情報を整理してベルを探し出すために探偵たちは"ぐるぐる"を2回、"オープン"を2回することができます。

8 探偵たちがあたりをつけたら、"ぐるぐる"と言って泥棒1人を指名し、その人に手を振り回してもらうことができます。容疑者は握った手で大きな8の字をかきます。ベルが鳴るか、さも持っているかのように音を出すか……。探偵たちが"ぐるぐる"を2回使ったら、2人に"オープン"と言うことができます。"オープン"と言われた人は、手を開きます。この犯罪調査の中でベルを見つけることができなければ、もう一度はじめから挑戦するか、別の4人を募ってもう1回行います。

ふりかえり

- このアクティビティは楽しむだけのために使うこともできますが、深い話合いになることもあります。
- ゲームが進んでいく中で、自然に1人ひとりに大きな責任が生まれます。最終的に誰がベルを持つかは探偵次第です。ベルをパスする時、泥棒役の人たちには不安と興奮が混じり合います。人によってはできるだけ早く自分の元からなくなるようにパスをしたり、探偵の目を眩ませようとしたりします。
- どんな役割でいる時がほっとする？ このゲームで人が"未知の領域"に入るのはどんなところ？ どこに"勝ち"がある？ 失敗はどこにある？ チーム（探偵・泥棒）は勝ちや負けに対してどうだった？ リスクテイクをするのを励ますような反応はあった？ 逆にリスクテイクを阻むような反応は？ リスクテイクと学びには似ている部分がある？ リスクテイクについてグループがどんな風に働きかけたか？

ファシリテーターから ひと言

◆グループによっては、オープンに話し合うことが難しい場合もあるので、調査表を使うとうまくいくことがあります。ひとつの質問に答えてもらい、次の人に表をパスする方法をよく使っています。この方法によって、7人で1枚の表を完成させることができます（1人につき質問1つ）。または、小グループに分かれて一緒に調査をする方法もあります。小学校高学年から中学生向きにつくられています。

エコーロケーター調査表

1）アクティビティをしている間、自分はどちらの気持ちだった？
　　　・ベルをパスして欲しい　　　・ベルをパスしないで欲しい

2）探偵が"リング"と言った時、ベルを持っている人はどんな感じだった？ 実際には自分がベルを持っている時には起こらなかった場合、どんな感じだったと思う？
　　　・楽しい　　　・不安　　　・おかしい　　　・プレッシャー
　　　・嬉しくない　・気持ちいい　・どきどき　　・面白い
　　その他―具体的にどんな感じ？ ＿＿＿＿＿＿＿＿＿＿＿＿＿＿＿＿＿＿＿

3）ベルの居所を知るために探偵が使った作戦、方法は？

4）失敗はあった？（探偵でも泥棒でも）
　　探偵が間違った推理をした？ 音を出したくないときにベルを鳴らしてしまった人がいた？ 思い出したことを話してみてください。

5）質問4）を見てください。失敗をした時の周りの反応はどんなだった？
　　　・ハッピー：ゲームを楽しくした　　・悲しい：失敗が楽しさを台無しにした
　　　・怒り：失敗は重大問題　　　　　　・軽い雰囲気が大切
　　　・協力的、励まし　　　　　　　　　・みんなが嫌な風に笑った

6）その他
　　探偵役はベルを探し出すのが……
　　　　・よくできた　　・前と同じ　　・よくなかった
　　泥棒役はベルを隠すのが……
　　　　・よくできた　　・前と同じ　　・よくなかった

7）この表の答えを読み返してみてください。活動をふりかえってみて、ここに書かれたことから学べることは何でしょう？ この活動から見えてきたことで、よりよいクラス（グループ）をつくっていくためのアイデアを2つ書いてください。
（例：探偵役は小さなチームになり、楽しさとチームワークによってプレッシャーをとばすことができた。もし自分が探偵にならなくてはならなかったら、すごく難しかったと思う）
〈1〉

〈2〉

第2部　アクティビティ集

32 The セールスマン

発明品を次々に紹介、交換していきます。

ファシリテーター	Mondy
対象年齢	小学5年生以上
タイプ	ディインヒビタイザー
時間	15分
人数	10人以上
必要な体験	なし
用意するもの	なし

手順

1 1人ひとりが発明者となり、世の中にない、あったらいい、あったら便利なものを考えます。その発明品の名前や、値段なども決めてもらいます。ただし、発表はしません。

2 スタート合図で、2人組になり、互いの発明品を紹介しあいます。

3 その際、自分が紹介した発明品は相手のモノに、相手の発明品は自分のモノになります。つまり発明品の交換をします。

4 これを3人と行います。

5 3人と交換し終わったら輪になります。

6 輪になったら、今自分が持っている発明品を発表していきます。

ファシリテーターからひと言

◆3人と交換し合い輪になった後、今自分が持っている発明品の発明者を探し出し、自分の右側に発明者がくるようにして並び替わります。

◆発表し、付け加えがあれば発明者が補足説明を行います。

33 価値観ベスト5

今自分が大切にしていることを書き出し、自分と他者とを比較して違いを認識します。

ファシリテーター
Mab

対象年齢
小学生から

タイプ
コミュニケーション

時間
20分～30分程度

人数
何人でも可能

必要な体験
特になし

用意するもの
紙とペン

手順

1. 今、「自分が大切にしていること」、「大事に思っていること」、「重要なこと」など、人、物、言葉など順位をつけ、紙に記入していきます。
2. 例えば、「両親」、「友達」、「勇気」、「よく寝る」、「サッカー」などなど。
3. 3人もしくは4人1組になって、お互いの価値観を比較して違いを話してみます。

ふりかえり

- 自分と他者はどんなところが違っていたか？
- どうしてその順番にしたのか？

ファシリテーターからひと言

◆一度だけではなく、半年や3ヶ月に一度記入してみるとその価値観の変化などを見ることができます。

◆前に書いた物を保存しておいて、自分でもその変化を確認していると価値観の変容のプロセスを感じることができると思います。

第2部 アクティビティ集

34 バルーントロリー

自分たちにとって大切な言葉や要素を風船に書いて、手を使わずに運んでいきます。

ファシリテーター
Mab

対象年齢
小学高学年から

タイプ
コミュニケーション

時間
20分～30分程度

人数
何人でも可能

必要な体験
身体接触ができる程度の関係

用意するもの
風船、マジック

手順

1 風船に自分やグループにとって大切なこと、大事な要素などを記入します。

2 6人から10人程度が縦一列に並んで、前の人と自分との間に自分の風船を入れてはさみます。

3 一番前の人の風船は他のメンバーに渡します。渡された人は2個風船を挟んで移動します。

4 どこまで進むかの目標地点を設定します。

5 前の人の肩に手を置かずに、手で風船に触れることなく、はさんだまま移動します。自分のおなかと前の人の背中で風船をはさむ感じです。

6 誰かが風船を落としたら、列の一番前の人が最後尾に移動して、その場から再スタートします。目標地点まで移動した時点で終了です。

ふりかえり

- 記入したことはどう活かされましたか？
- 落とさないように気をつけたことはどんなことですか？
- グループにどう関わりましたか？
- どんなことに気をつけましたか？

ファシリテーターから ひと言

◆メンバー間の身体的な距離を観察してください。
◆身体的接触ができる状態だとこの活動ができると思います。
◆バリエーションとしては移動場所を直線だけではなく、階段を登ったり降りたりと変化をつけていくとグループの違った面も見ることができるかもしれません。

35 フライングペーパー

お互いに息を合わせて、手の甲に載せた紙を空中に飛ばして交換します。

ファシリテーター
はるみ

対象年齢
小中学生

タイプ
コミュニケーション

時間
20分

人数
2人以上（奇数でもOK）

必要な体験
ペーパータグで手の甲に紙を載せて遊ぶ。

用意するもの
紙とセロテープ

手順

1 手の甲に載せる紙を人数分用意します。A5の紙を半分に折り、さらに半分、さらに半分に折り、約5cm×8cmの大きさにし、開いてしまう3箇所を簡単にテープでとめます（p.144のペーパータグで使用したもの）。

2 片方の手の甲に紙を載せて、お互いに向き合います。息を合わせてお互いの紙を飛ばして交換をします。

3 飛ばしあって交換し、お互いの手の甲に載ったらOKです。

4 2人でできたら、できたペアで一緒になって4人でチャレンジしてみましょう。

ふりかえり

● 息を合わせるって、どんな感じ？
● うまく交換できるようにお互いにしたことは、どんなこと？
● できたときの気持ちは？ できなかったときの気持ちは？

ファシリテーターから ひと言

◆うまく交換できたときは、とても嬉しく、達成感があります。
◆2人から始めて人数を増やしていくと、楽しさもアップします。
◆シンプルですが、とてもエキサイトします。汗びっしょりになることもあります。

36 コントローラー（ロボット）

前にしか進めず、自分で止まることのできないロボットをコントロールします。

ファシリテーター	とも
対象年齢	小学低学年から
タイプ	コミュニケーション
時間	15分程度
人数	15人以上（3人組でいくつでも）
必要な体験	なし
用意するもの	なし

手順

1 3人組に分かれます。このようにきりだしてはいかがでしょう。「ロボット開発も終わりに近づきました。今日はみなさんに試験運用のお手伝いをしていただきたいと思います。ところで、このロボットは、まっすぐ進んだり、スピードをコントロールすることはできるのですが、自分で方向を変えることと止まることはできません。さて、ロボット役2人と、コントローラー役1名を決めてください」。

2 上記で説明しているように、ロボットは：
　①まっすぐ進むことはできる。
　②スピードをコントロールできる。
　③方向を変えることができない。
　④止まることができない。
ので、障害物に近づいた場合は方向を変えてもらわなくてはなりません。障害物を避けるには：
　⑤コントローラーがやってきて方向を変える。ロボットに触れてかまいません。
　⑥そのためにはロボットは危険をコントローラーに知らせなくてはなりません。
　⑦ロボットからの警告音をグループで決めます（ロボットなので、警告音で知らせるしかありませ

安全メモ

1. 安全のためにバンパーをします。
2. ロボットが自分でスピードをコントロールできることを忘れて、障害物に自分から突っ込みそうになるときがあるので、必要に応じて、スピードを緩めて危険を避けることを伝えます。

ん）。

3 様子を見て、または時間を決めて（数分間）ロボットを動かしてもらいます。

4 役割を交代して次を始めます。次の回に移る前に、変更すること・改善することがあれば話し合った後に始めます。作戦タイムを2分などに区切っても面白いでしょう。

5 同じことを数回繰り返して、全員が様々な役割をできるようにします。

ふりかえり

- コントローラーは何を優先していた？（例：ロボットの意思？ 自分が楽なように？ それとも…なに？）
- この体験を活かしてこれからロボット（相手）の意思を尊重するとしたら、どんなことができる？
- この体験を活かしてコミュニケーションを改善するとしたら、どんなことができる？
- ところで、本当にコントロールしていたのはどっち？ コントローラーそれともロボット？

ファシリテーターからひと言
◆ふりかえりをあまり意図的にやりすぎると、参加者は「動かされている・やらされている」という気持ちになるかもしれません。体験の中で起こっていることを加味して、質問を投げかけてみましょう。

37 シークレットコード

隠された番号をみんなで協力し探し出します。

ファシリテーター	はるみ
対象年齢	小中学生
タイプ	コミュニケーション
時間	30分
人数	4〜12人
必要な体験	なし
用意するもの	1〜30までの数字が書かれたスポットマーカー（数字を紙に書いて、踏んでも滑らないように床に貼り付けてもよい）

手順

1 1〜30までの数字が書かれたスポットマーカーをランダムに並べます。

2 ファシリテーターは、スタートの数字（立ち位置で一番手前にあるもの）とゴールの数字（スタートから離れているもので端にあるもの）を決めます。そして、あらかじめスタートからゴールまでの間の数字を順番に決めておきます。これがシークレットコードです。あまり数字が多いと難しくなり、少ないとつまらなくなります。

3 縦に一列に並び、先頭の人がスタートラインの前に立ちます。先頭の人は、スタートのライン近くにある、いくつかの数字から1つを選び上に立ちます。あらかじめ決めておいたシークレットコードと合っている数字の時は何も起きませんが、違っていた場合はファシリテーターが『ビビーッ！』と言うか、音がするおもちゃなどで間違いを知らせます。チャレンジャーは音が鳴ったら、急いでスタート地点に戻り、列の一番後ろに並んでもらいます。そして、次の人がチャレンジの番になります。前の人が大丈夫だった数字のところまで進み、次の番号が何なのかを自分が進むことで答えを探し出します。間違えると次の人の番になるのを

繰り返してゴールまで進みます。ファシリテーターは、今まで通って来た所についても番号を教えることはできません。できるのは、合っていたら何も反応しないことと、間違えたら『ビビーッ！』などの音を鳴らすことのみです。グループメンバーが教え合うのはOKです。

4 1人がゴールをしたら、探し出したコード通りに全員が1人ずつ進み終わります。

ふりかえり
● みんなでコードを探し当てた時の気持ち。
● リスクを持ちながらも足を進めた時の気持ち。

ファシリテーターからひと言
◆『ここから先の洞窟に次のステージに進むためにシークレットコードが隠されています。シークレットコードをうまく解きあかさないと巨大な岩が転がってきたり、水が溢れてきたりするので、洞窟の外に逃げなくてはなりません』などファンタジーをつけると楽しさが増します。

◆用意する数字の枚数は、年齢に合わせて準備してください。

◆洞窟には、どんな危険があるかわからないので洞窟の入口から叫んで、伝えることができないという設定もあり、難易度が上がります。

◆ファンタジーをつけずに次へのステージに進むシークレットコードを探し出すというシンプルなものでも十分面白いです。

◆数字の他にアルファベットや五十音などにして、探し出したコードの順序を入れ替えるとある言葉になるというのも楽しいです。

38 オセロ紹介

短所を長所に変えて、お互いに良いところ探しをしていきます。

ファシリテーター Mab

対象年齢 小学高学年から

タイプ コミュニケーション

時間 10分〜20分程度

人数 何人でも可能

必要な体験 特になし

用意するもの なし

手順

1 2人1組のペアをつくります。

2 ペアでお互いに自分の長所を発表し合います。

3 今度はお互いに自分の短所を発表し合います。

4 相手の短所をオセロゲームのように裏返しにして（長所）に変えて、言い返してあげます。例えば「比較的気が短いんです」と言われたら、「決断力が早いんですね」とネガティブな表現をポジティブに言い直してあげます。自分と相手の良いところを発見します！

ふりかえり

- 嬉しかった言葉はどんなことですか？
- 言われて気がついたことはどんなことですか？

ファシリテーターからひと言 ◆初めは難しいかもしれませんが、いくつか例を挙げることで徐々に会話が増えていくと思います。

39 感情のサイコロ

サイコロを振って出た目の内容について、自分の気持ちや感じ方を話し合います。

ファシリテーター
Mab

対象年齢
小学生から

タイプ
コミュニケーション

時間
10分〜30分程度

人数
何人でも可能

必要な体験
特になし

用意するもの
サイコロ

手順

1 大きめのサイコロを作っておきます。

2 あらかじめサイコロの面にテーマや考えてもらう状況を記入しておきます。

3 例えば、「人から誉められたとき」、「おいしい食べ物を食べたとき」、「新しいことを学んだとき」、「答えがわからないとき」、「友達とけんかをしたとき」、「叱られたとき」など。

4 3人〜5人組をつくり、サイコロに出た面のことについて、そのとき自分はどう感じているかをお互いに話し合います。

5 人に話ができる内容でかまいません。言いたくない事は言わなくてもいいです。

ファシリテーターからひと言

◆普段起っている行動や態度、状況を取り上げると、日常に意識することができると思います。

◆否定的な表現ではなく、肯定的な表現ができるように心がけてください。

◆「印象に残った言葉」などをサイコロに書いてふりかえりに使うこともできます。

40 エブリボディアップ

究極の道具なしイニシアティブ

**ファシリテーター
はやしくん**

対象年齢
小学生以上

タイプ
イニシアティブ

時間
40分〜60分

人数
16人以上が望ましい。100人以上でも可

必要な体験
特になしですが、手をつなぐことがあまり負担にならないような関係は必要。

用意するもの
なし

手順

1 2人ずつペアになり、正面に向き合って腰を下ろします。おしりが床(地面)に接するように座ります。

2 両足のつま先を相手のつま先に接するようにします。そして両手をつないで2人同時に立ち上がります。

3 うまくいったら、次に4人でやってみます。2人ずつのペアが2組一緒になってください。余ってしまったら5人のグループができても3人のグループができてもOKです。

4 では、次に8人でやってみましょう。さて、ここからはやや、ルールが厳しくなります。ルールは4つだけです。①手がつながっていて、②足がつながっていて、③おしりが床についた状態から始めて、④みんなが一度に立ち上がる。それだけです。他にはありません。ここで一つだけ注意です。手や足がつながっているというのは例えば、誰かの手または足に電気を流したとすると輪の中のみんなの所を流れてその人のところに戻ってくるようなつながり方ということです。途中で電気がショートしてはいけません。必ずぐるっと回ってから自分の所に戻ってこなければなりません。

5 8人ができたら16人でやってみましょう。

6 次は全員でやってみます。

ふりかえり
- さて、何でうまくできたのでしょうか。この活動から学んだことはありますか？ 次の活動に生かすとしたらどんなこと？
- これは誰のアイデアがきっかけでうまくいったのだろう？
- ○○さんは途中で何か小さい声で意見を言っていました。みんなそれは聞こえていた？ そんなときこの次はどうしたらいいだろう？

ファシリテーターからひと言
- ◆ときどき強引に試みようとすることがあります。そんなときは「大丈夫？」、痛いときは大きな声で「痛い」と言ってください。みんなも他の人のことを考えて力の入れ方を加減してくださいね。
- ◆ヒントはなるべく出さないでください。ただひたすらルールを何度でも説明してください。そのうちアイデアは必ず出てきます。
- ◆どうしてもという人のためのヒント：これでなければならないという正解はありません。できればいいのです。ヒントは「2重の輪」です。後はみんなで考えてください。これだけが正解ではありません。他の方法も考えてください。

41 大縄とび

回っている大縄を連続して何人通れるか目標を決め、目標達成を目指します。

ファシリテーター
とも

対象年齢
小学低学年～中学生

タイプ
イニシアティブ

時間
15～30分程度

人数
15～30人程度（それ以上でも可能）

必要な体験
なし

用意するもの
10m程度の遊び用ロープ

手順

1 大縄を回します。

2 1人通ってその次に縄が地面につく前に1人通ります。その連続で何人通れるか、目標を立てます。縄を通り抜けるのか、跳ぶのかはグループによって決めます。

3 何回かトライします。

4 必要に応じてやり方のアイデアを募集します。

5 必要に応じて目標を変えます。

ふりかえり

- 適切なら成功のカギなどを聞きます。場合によっては、楽しさだけを余韻に残して、ふりかえりをする必要がないときもあります。
- 活動をスムーズに終えなかった場合には、学びのチャンスです。何を達成できたのか、次（の活動）で生かしたことは何かなどを聞きます。

ファシリテーターからひと言

◆大縄に入るタイミングがつかめず、苦手意識をもっている子がいる場合があります。ある時は、それがいいチャレンジになったり、グループが協力するきっかけになる場合もあれば、仲間からのプレッシャーが強くなり、「できないこと」が指摘されたり、本人がつらくなる場合もあります。それまでの参加者の様子を見て、この活動を選ぶのか、なぜ選ぶのか、どう進めるのか、判断しがいのあるところです。

◆指導者が1人しかいない場合、参加者に縄回しを頼むのもいいアイデアですが、この場合、その子も活動に参加できるよう、途中で誰かと交代するなど配慮します。

◆身体が温まっていないと、足関連のけがをしやすくなります。足の筋肉を使い、腱を伸ばすような要素の入った活動を前もってやっておくことをお勧めします。張り切って跳ぼうとすると、アキレス腱や膝じん帯のけがを招く場合があります。

◆上記のような理由から、縄を1回跳ぶ必要はなく、通り過ぎるだけでいいことにする場合もあります。

42 キーパンチ

1から30まで番号を書いたスポットマーカーを順番にできるだけ早く踏んでいきタイムを縮めていきます。

ファシリテーター
Mab

対象年齢
小学高学年から

タイプ
イニシアティブ

時間
30分～1時間程度

人数
10人～30人程度

必要な体験
特になし

用意するもの
1から30まで番号を書いたスポットマーカー、ロープ、ストップウォッチ

手順

1 ロープで円（輪）をつくり、その中に1から30まで番号を書いたスポットマーカーを入れます。

2 ロープで囲んだ円からある程度離れた場所にスタートラインを設置します。

3 グループは1から順番に30番まで踏んでいきます。

4 グループの誰かがスタートラインを横切った時点から時間を計り、順番に番号を踏み終えて最後に帰ってきた人がゴールライン（スタートライン）を横切った時点で時計を止めます。

5 ロープの中に入れるのは1回につき1人だけです。これは同時に2人以上入ることはできないという意味です。

6 チャレンジ回数を設定し（3回～5回程度）、その中からベストタイムを求めます。時間は作戦タイムを含めて設定します。

7 ペナルティーがあった場合はペナルティー1回につき時間を加算していきます（例えば1回につき10秒など）。ペナルティーとは1人がロープから出る前に次の人が入ってしまった場合や、順番に踏まなかった場合、踏み忘れたときなどです。

ふりかえり

- どんな作戦で行いましたか？
- 協力できたことはどんなことですか？
- 良かったところはどんなことですか？
- 自分にはどんな役割がありましたか？

ファシリテーターからひと言

◆中学生以上であれば、ファシリテーターがあらかじめ作戦タイム設定をする方法で活動することもできます。この場合は時間内でグループがどのように意思決定、意思統一を行っていくのかなど時間を意識した思考と行動を促すことができます。例えば、「1回目の作戦タイム5分」「1回目のチャレンジ」「2回目の作戦タイム4分」「2回目のチャレンジ」「3回目の作戦タイム3分」「3回目のチャレンジ」などです。時間設定はグループの状態や環境によって変更してください。

43 ワープスピード

円になってみんなでボールを落とさないよう、できるだけ早く回します。

ファシリテーター	Mondy
対象年齢	小学4年生以上
タイプ	イニシアティブ
時間	30分
人数	10人以上
必要な体験	なし
用意するもの	ボール(フリースボールなど投げやすく、受け取りやすいボール)

手順

1 みんなで輪をつくります。

2 ボールを1人1回受け取るように、全員でボールをパスしていきます。

3 ボールを受け取って投げるまでは手を胸の辺りに上げておき、ボールを受け取って誰かに投げたら手を下ろすようにすると、ボールを誰が受け取っていて誰が受け取っていないかがわかります。

4 ボールが一巡したら、再度ボールをまわして順番を確認し、誰から受け取って、誰に投げたかを覚えておいてもらいます。様子を見て、数回ボールをまわして何度か確認します。

5 その順番でボールをパスして、タイムを計ります。

6 タイムを計ったら、そのタイムをさらに縮めることができないかグループに投げかけてみます。ルールは、①ボールをまわす順番を変えない、②ボールを落とさない、の2つです。

7 作戦会議をして、アイデアを出し合ってチームベストタイムまでチャレンジします。

8 グループで満足できるベストタイムが出たら、それ

を最速記録として喜びましょう！

ふりかえり
- いいタイムを出すためにみんなはどんなことをした？
- どのアイデアを使うか、どうやって決めた？
- このグループで良かったところはどこ？

ファシリテーターからひと言
◆タイムを目に見えるような形で記録すると、タイムがどう縮んでいったかという過程を追うことができます。

44 フライングチキン

大きなシートを使って目標地点までチキンを運ぶリレー

ファシリテーター	**すずめ**

対象年齢
小中学生

タイプ
イニシアティブ

時間
30分～45分程度

人数
15人～20程度

必要な体験
ストレッチなど体をほぐす活動・小グループで話せる関係

用意するもの
ラバーチキン（当たっても痛くない動物）練習用にも何匹か用意、スタートとゴールの目印、シート（旗やゴミ袋でも可）

手順

1. 4人に1枚くらいの割合でシートを配ります。

2. シートを使ってラバーチキンを飛ばすのとキャッチの両方を練習してみてください。このあと皆さんにはこのシートを使ってある課題に挑戦してもらいます（ある程度の練習時間）。

3. 今から皆さんはこのシートを使ってこのチキンをある場所まで送り届けてください。

4. このチキンは少し具合が悪いため、直接触ることができません。皆さんの手元のシートを使って飛ばしながら運んでいってください。

5. チキンがいるシートを持った人たちはその場所から動くことができません。その他のシートを持った人たちは動くことができます。

6. このチキンをある場所に運ぶにはすべてのシートを使ってください。

ふりかえり

- 息を合わせるって、どんな感じ？
- うまくパスやキャッチができるようにお互いにしたことは、どんなこと？

安全メモ
夢中になってぶつからないように気をつけてください。コース上の安全確認を十分しておいてください。

●できたときの気持ちは？ できなかったときの気持ちは？

<small>ファシリテーターから</small>
ひと言

◆人数が多い時は手持ち無沙汰になる場合もあるのでチキンを増やしてみたり、チキン以外の楽しい動物たちを運んでみたりすると楽しいです。運ぶものによってストーリーを考えるとさらに楽しくなります。

◆1枚のシートを持つ人数によってコミュニケーションのチャレンジレベルが上がります。グループの状況によってシートの枚数を変えてみてください。

◆アップダウンのあるコースと平坦コースなど目的地までのコースによってチャレンジレベルを自分たちで選べるような工夫も楽しいです。

◆高く投げられる空間でチャレンジするとさらに盛り上がります。

◆みんなが大切にしたいことをチキンの形にして運ぶなどの比喩も使えます。

45 フープリレー

手をつないで円になり、その手を離さず、なるべく早くフープを一周します。

ファシリテーター
Mondy

対象年齢
小学生以上

タイプ
イニシアティブ

時間
30分

人数
10人以上

必要な体験
なし

用意するもの
フラフープ

手順

1 みんなで輪になって、手をつなぎます。

2 どこか一箇所にフープを入れます。

3 手を離さずにフープを一周する、そのタイムを計ります。

4 タイムが出たら、そのタイムをさらに縮めることができないかグループに聞いてみます。聞き方ですが、「○秒を切る」という言い方をしたほうが伝わりやすく、モチベーションも上がりやすいようです。

5 ルールは、①手を離さない、②つないだ手の指を使わない、です。

6 作戦会議を含めて何分間チャレンジするかを決めます。その時間内であれば何回もチャレンジできます。

7 チャレンジする時間内に目標タイムをクリアしたら、さらにタイムを短くできるか聞いてみます。

8 グループで満足できるチームベストタイムが出たら、それを最速記録として喜びましょう！

ふりかえり

● グループとしてどんなことができていた？

- ●いいタイムを出すためにどんな工夫をした？
- ●グループでこれがあったからタイムを縮められたということは何？

ファシリテーターからひと言 ◆タイムを目に見えるような形で記録すると、タイムがどう縮んでいったかという過程を追うことができます。

46 マジックショー*

マジシャンがテーブルの上にあるグラスのワインをこぼさずに、テーブルクロスを引き抜くのを見たことがありますか?

ファシリテーター
アダム

対象年齢
中学生以上

タイプ
イニシアティブ

時間
30分

人数
6人以上

必要な体験
アイスブレーキングとウォームアップを少し

用意するもの
シートまたはタープ（PAJの緑のバナーなど）1枚、10m位のロープ（9mm位の遊び用ロープなど）2本

*じゅんちゃんが韓国で学んだものを教えてもらいました。

手順

ワイングラスとマジシャンをグループのメンバーに見立てると、このイニシアティブがどんな活動か見えてきます。

1 マジシャンとグループの皆の創造力、連携、今あるリソースを使って皆が乗っているシートを引き抜きます。

2 マジックシートの上に全員乗ります。マジシャンはシートには乗らずに、シートの横に立ちますが、マジシャンはシートに触ることはできません。（理由は如何様にでも）しかしマジシャンには2本のロープがあります。

3 グループは、シートやロープに触ることはできますが、シートから出ることはできません。グループは自分たちの足の下にあるシートを取り除かなければなりません。

4 この活動は、3段階になっています。グループは各レベルに合わせて解決方法を考えます。どの段階で失敗したとしても、レベル1に戻らなくてはなりません。例えば、レベル1をクリアした後、レベル2の最初の作戦がうまくいかなかった場合、レベル2の2回目の挑戦をする前にレベル1に戻らなければならなくなり

ます。これはマジックです。一度始めたら観衆の前でネタがばれるようなことをすることはできません。グループは同じ作戦を何度でも使うことができます。

5 レベル1：ロープはどんな風にでも結ぶことができます。グループは横にジャンプすることはできません。マジシャンはシートに触れません。結び目がとれてしまったら、最初からやり直しです。

6 レベル2：ロープを結ぶことも、シートにくくりつけることもできません。横へのジャンプも禁止です。マジシャンはシートに触れません。

7 レベル3：最後の挑戦には何か楽しいことを取り入れましょう。メンバーがジャンプする時、全員が別々の方向を向いている、誰かとハイファイブ（片手を挙げて、誰かの片手とタッチする動作）をする、うまく合わせて皆で一斉に手を叩くなど。

ふりかえり

●このイニシアティブは、グループが創造性を築くための基礎となるものを生み出します。"オープンマインド"と"新しいアイデアを試みる"という課題が生まれ、創造的な考え方を必要とします。また解決法は、シンプルになっていきますが、グループの力が高くて、複雑な方向へと進もうとしている場合、この"シンプルに"というのがよい学びになるでしょう。

ファシリテーターから ひと言
◆特に難しいイニシアティブではないので、すごく早く解決した場合は、コミュニケーション不足や調整不足によって、参加者が自分の思ったようにジャンプしていなかったり、マジシャンの手がロープで焼けてしまうことがあります。ロープ焼けが心配な場合は、マジシャンにグローブを渡すこともできますが、注意を促すだけで大丈夫でしょう。

47 人生のスポットライト*（ドントタッチミー）

輪になって、自分の場所から移動して、中央の輪を通り、別の場所に移動します。

ファシリテーター	**とも**
対象年齢	小学高学年〜中学生
タイプ	イニシアティブ
時間	20〜30分程度
人数	8〜20人程度（30人でもできるが、コミュニケーションが難しくなる・待ち時間が多くなることに注意）
必要な体験	お互い同士で話す、意見を出し合う活動をしておくと、やりやすい。
用意するもの	人数分のスポットマーカーやボールなど。中央の輪（直径50cmほど。フラフープや短いロープを利用する）、ストップウォッチ

手順

1 全員で輪になって立ちます。スポットマーカーやボールなどを1人ひとりに配って、足元に置いてもらいます。こうすると、活動中の移動先がはっきりします。

2 課題は、ストップウォッチがスタートした時点で全員が動き出し、自分の場所から出て中央の円を通り、違う場所へ移動することです。全員が移動した時点で完成し、グループで最速時間を目指します。

3 ルールは：
①スタートしたら、完成するまで全員前進し続けている（輪を通っていなくても、全員が動きを止めてはいけない）。
②誰にも接触してはいけない。
③中央の円を一度に通過できるのは1名。同時に2名以上入ってはいけない。

もしも、ルール違反があった場合は、お手つきとして1回につき10秒加算する。

4 何回かトライして、最速を目指します。

ふりかえり

● 成功のカギは？
● 他の活動に生かせそうなことは？

*米芸術家、アンディ・ウォーホルの言葉、"人は誰でも人生で15分間だけスポットライトが当たる"からきている。

ファシリテーターからひと言

◆何もないところから、アイデアを出し合って解決する活動です。どんなアイデアでも大歓迎という指導者の心構え・雰囲気が重要です。

◆静かな活動なので、そういう活動が好きなグループは前振りがなくても楽しめます。その他のグループの場合は、にぎやかなことやコミュニケーションをとった活動の後でやると楽しめます。

◆ちょっとした活動ですが、グループの関わり方や傾向を自覚するきっかけになる活動です。指導者としては、参加者がグループにどのように関わるかわかる活動です。

◆トライする回数を限定し、負荷をかけることもできます。限られたチャンスしかないという状況が、真剣さや、グループでの葛藤などいろいろな学びのきっかけになる場合があります。

安全メモ

動き回っている最中にぶつかり合うことがあるので、バンパーを上げた状態で移動するようにします。

48 ブルズアイ（緑化大作戦）

プラトンボで的あてをします。

ファシリテーター
すずめ

対象年齢
小学高学年～中学生

タイプ
イニシアティブ

時間
45分～60分程度

人数
15～20人程度

必要な体験
一緒に楽しいことをした経験、身体接触ができるような体験

用意するもの
プラトンボ（人数分）、ロープやフラフープなど（二重円をつくる道具）

手順

1 ヘリコプター（プラトンボ）を1人1台渡します。みなさんはパイロットです。うまく操縦できるように飛ばす練習をしてみてください。1人で、2人組でお互いに飛ばしたものを受け取りあうなどいろいろ試してみてください。時間に余裕があれば、フラフープなどの目標に飛ばしてみることもどうぞ。

2 （ある程度練習が終わって）皆さんが手にしているのはヘリコプターです。皆さんはある作戦に参加するパイロットです。今からこのヘリコプターで二重円になっている内側の砂漠に何とか緑の種を届けてもらう緑化作戦に参加してください。

3 1台のヘリには1ヘクタールの緑の種が詰まれています。どれくらいの緑の種を届けられるかを考えて決めてください。

4 ヘリコプターは回すことでエンジンがかかります。エンジンをかけて飛ばして緑を届けてください。

5 砂漠地帯を囲むように未開のジャングルがあります。ここには人は入ることはできません。もしヘリが未開のジャングルに不時着した場合には、人が入らなければ（ジャングルの地面に触らずに）ヘリを救出する事ができます。もし人が入ってしまった場合には、

ジャングルの動物たちが騒ぎ出して何か起こるかもしれません。

6 ヘリを救出する際にパイロットの安全確保も十分に行ってください。必要な場合はスポッティングもしてください。ヘリはプロペラが薄いので人の顔（目）の前で操縦しないように気をつけてください。

ふりかえり

●どんなチャレンジがありましたか？ その時にどんなサポートがありましたか？
●達成できたとしたら……、何が成功の秘訣ですか？
●目標はグループにとって適切でしたか？

ファシリテーターからひと言
◆的あてとしてファンタジーなしで二重円の内側にプラトンボをいくつ入れられるかという活動としても十分面白いです。
◆ストーリーでは雪山に不時着した人を救助するなど、環境によって設定を変えることもできます。
◆必要であれば、この活動の前にお互いの体を支え合う練習を入れてみてください。
◆必要に応じてファシリテーターがスポッティングに入ることもあります。

49 1，2，3は20

回転している大縄を通り抜けて、「1，2，3は20」というなぞなぞを解いていきます。

ファシリテーター
とも

対象年齢
小学中学年〜中学生

タイプ
イニシアティブ

時間
15〜30分程度

人数
15〜30人程度（それ以上でもそれ以下でも可能。しかし、なぞなぞを変えないといけない場合がある）

必要な体験
なし

用意するもの
10m程度の遊び用ロープ

手順

1 課題とルールを説明します。「これからこの回転している大縄を通り抜けてください（または跳んでください）。皆さんには縄を通り抜け（跳び）ながら、この縄にかかった不思議な魔法のなぞなぞを解いてもらいたいと思います。問題のなぞなぞは、『1，2，3は20』です。間違っていると、縄の動きは止まります。正解ならそのまま動き続けています。では、どうぞ」というような感じで。

2 つまり、解くべきなぞなぞは、『1，2，3は20』というもの。間違っているか、正解かはやってみないとわからない。

3 指導者用回答：順番に1人で通り抜け、次に2人組で通り抜け、3人組で通り抜けたら、次は1人→2人組→3人組に戻り、20組通り終わったら成功。一番オーソドックスだが、必要に応じてバリエーションをつけてもよい。このなぞなぞにつじつまのあうパターンで色々工夫できる。

ふりかえり

● 何もわからないときのストレスはどうだった？
● 何がブレークスルー（突破口）になった？

ファシリテーターからひと言

◆試行錯誤することによってしか解決できない活動。何かをやることをためらうグループにはやり遂げた場合にも、スムースに行かなかった場合にも学びになります。
　①どうしてスムースにいったのか、普段との違いはあったか。あったとしたら何か？　何か普段の場で生かせそうなことはあるか。
　②どうして時間がかかったのか、難しかったのか。普段の生活で思い当たることはあるか、あるとしたら何か。次（もしくは他の場面）に生かせそうなことは何か。

◆体験から学ぶということを体験して、慣れるきっかけになる活動です。

◆ストレスマネージメントという要素も含んでいます。

◆指導者が1人しかいない場合、参加者に縄回しを頼むのもいいアイデアですが、この場合、その子も活動に参加できるよう、途中で誰かと交代するなど配慮します。

◆グループによっては「はぁっ？」と、狐につままれたようになるか、解決に関してあきらめや不満を感じることがあります。そのような場合も指導者は慌てず、グループを温かく見守り、グループが楽しみ、がんばれるよう心がけます。

◆身体が温まっていないと、足関連のけがをしやすくなります。足の筋肉を使い、腱を伸ばすような要素の入った活動を前もってやっておくことをお勧めします。特に大人の場合、張り切って飛ぼうとしてアキレス腱や膝じん帯のけがを招く可能性があります。

◆上記のような理由から、縄を1回跳ぶ必要はなく、通り過ぎるだけでいいことにする場合もあります。

50 トラストブランケット＊

毛布を使って空中浮遊（ラビテーション）をします。

ファシリテーター	アダム
対象年齢	中学生以上
タイプ	トラスト
時間	参加者1人につき3分
人数	10人以上
必要な体験	なし
用意するもの	丈夫な毛布を1グループ（10～15人）につき1枚

＊12年前にアメリカの体育の先生から教わりました。

手順

まだお互いに身体接触に不安のあるグループがより深いトラスト活動をする前段階で行うとよいでしょう。

1 毛布を地面に置きます。参加者の雰囲気にもよりますが、ストーリーをつけて話します。この毛布は魔法の絨毯で、人を浮かせて旅をすることができます。

2 この絨毯の魔法は、グループがいかに安全に絨毯に乗る人（チャレンジャー）を運ぶことができるかがポイントです。

3 最初のチャレンジャーを募り、毛布の長辺方向に寝てもらいます。グループに安全に行うための号令（コマンド）を覚えてもらいます。毛布に寝ているチャレンジャーが「準備はいいですか？」と聞き、グループの準備ができていたら、「いいです」と答えます。次にチャレンジャーが「お願いします」と言い、グループは、「どうぞ」と言って始めます。

4 グループのメンバーは全員で毛布の端を固く握り、毛布を持ち上げ、活動エリア内を安全に輸送します。

5 チャレンジャーが「準備はいいですか？」と聞いた時、グループは毛布をしっかり持って集中した状態で「いいです」と答えます。

6 「お願いします」「どうぞ」と再度コマンドが確認さ

れたら、グループは毛布の端を引っ張り、チャレンジャーを浮かせます。そして歩いて移動します。

ふりかえり

●この活動のふりかえりには、他のトラスト活動と同じようなふりかえりが使えますが、この活動はPAの他のトラスト活動よりも、比較的初期の段階でも使うことができます。信頼を築く雰囲気をつくる活動なので、始める前にグループに自分たちの責任と役割についてよく確認をします。メンバーを地面から浮かせる時どんな責任を感じた？ どんなことを考えた？ チャレンジャーのためにどんな環境をつくった？

ファシリテーターからひと言

◆15人位いたら、数人は毛布を掴まずに、毛布の移動に一緒について行くだけにします。活動の途中で運び役をしている人と交代をして役割を交代します。交代してもグループの信頼し合う気持ちを保ちつつ、全員で安全を確保します。

◆この活動を体育館などで行っている場合、グループがよい形でトラスト活動を行えていたら、体育館内をまわります。まわっている時に、毛布を持っている誰かの肩をたたきます。肩をたたかれた人は静かに運び役から退きます。運び役の人数が減ってくると、チャレンジャーを安全に運ぶのが大変になってきます。最後の1人になるとチャレンジャーを引きずるようになります。とても興味深いプロセスが生まれてくるはずです。

Column

わき腹を見せる

はやしくん

　モンティー・ロバーツさんは馬とコミュニケーションをとることができる。昔、CNNニュースでモンティーさんを見て感動し、本屋で彼の書いた本を探して買ってきた。モンティーさんは完全な色盲だそうで、白と黒とグレーの世界しかない。この完全な色盲の人には視力がものすごく良い人が多い。モンティーさんも視力が5.0から6.0ぐらいあるそうだ。その視力を活かして野生の馬を観察しているときにあることに気がついた。それはこんな話である。

　遠くから馬の群れを見張っていたときである。一頭の若馬が群れの中のまだ小さい子馬をいじめていた。最初はそれをただ見ていた母親馬はあまりいじめがしつこいので、そのいじめっ子の若馬に制裁を加えることにした。その若馬を群れから離すということである。馬というものは大変臆病なので、群れから離されることが何よりも怖い。若馬はそこで怖いから群れに戻ろうとする。だが母親馬はそれに向かって突っかかるしぐさをして若馬を群れに返さないようにする。何度かこれを繰り返すうちに、母親馬は目だけで若馬を威嚇するようになる。母親馬は若馬への視線を外さずに睨み続ける。そうすると若馬は群れに戻れずに，遠く離れたところにまた戻っていく。しばらくこのやり取りが続き、若馬が反省のしぐさをし始めると、ようやく母親馬はその若馬を睨みつけることを止める。そして視線を外す。その次に若馬に対して自分のわき腹をみせる。これを見て安心した若馬はおそるおそる群れに戻ってくる。そして母親馬に甘える仕草をする。

　モンティーさんによると馬の最大の弱点はわき腹なのだそうだ。野生の馬が狼などにやられるときは必ずわき腹にかみつかれる。その母親馬は自

分が若馬を許したことを表すためにわき腹を見せたのである。この一連の様子を観察していて、モンティーさんはこの母親馬の方法を取り入れたまったく画期的な馬の調教方法を開発するのである。その方法によると野生の馬とたった30分間で信頼関係を築き鞍を乗せることができる。いままでの方法では何ヶ月か必要だったことがたった30分でできてしまう。日本の中央競馬会でも以前彼を招待してその技術を披露してもらったそうだ。

　この話から私たちはたくさんのことを学ぶことができる。なかでも私がここで注目したいのは「わき腹を見せる」ということである。子どもたちと指導者の間の信頼関係をどうやってつくるかということが今、学校現場の大きな悩みである。そこでわき腹を見せるということも考えてもよいのではないだろうか。つまり自分の弱いところを相手に見せることによって、この人は自分の敵ではないということを認識してもらうのである。人間もやはり弱い動物である。自分の弱いところを相手に見せることは勇気のいることである。それに挑戦することで信頼関係を築くという方法もあるのではないだろうか。

参考文献
Roberts, M (1997). The Man Who Listens to Horses
モンティロバーツ『馬と話す男－サラブレッドの心をつかむ世界的調教師モンティロバーツの半生』徳間書店，1998

Column

恐るべし、1年生
－ある小学校でのエピソード

KAT

　ある小学校で仲間づくりの授業を行った時のこと。
　身体を動かしながらの45分授業を体育館で行いました。小学1年生の彼らは動けるとあって、うずうずじっとしていられない様子。何が起こるのか、輝く小さな顔は好奇心にあふれていました。
　「さあみんな、今日の仲間づくりの時間はこんなことしたいなー」と始まり、当然のことながら「まず大切な約束をしてほしいんだけど」とお願いをして、フルバリューコントラクトの初期段階を紹介していきました。
　子どもたちにとって体育館という空間は身体をめいっぱい動かせる場なので、あまり話を長くするよりも動きながら聞き、考えるタイプのアクティビティをしていきます。その日の約束は3つ、
　①自分のことだけでなく、みんなのことも考える
　②思いっきりやってみる
でも、ケガをしないように
　③安全に！
これがキャッチフレーズでした。
　小学1年生にヤートサークルをやったことはなかったのですが、この時の子どもたちの動きを見て、これはできるかもしれないと思い、提案してみたところ、お見事！　彼らはちゃんとイン・アウトでV字型に開いてお互いの身体を支え合っているではありませんか。子どもたちも大喜びでした。まったくあなどれない1年生パワーでした。
　授業の終わりに、もう一度最初に交わした3つの約束を思い出してもらいたくて「さあ、今日大切にしていたことは」と声をかけました。子どもたちは①と②を声高らかに叫んでくれて、「ううーん、順調」と思いなが

ら、最後に「三つ目の「あ」って何だっけ？」と問いかけると……。
　その日、一番最初からハリキッていたシュンちゃんがピーンと手を一番先に上げて、
　「あは"あとかたづけ"のあ」
　みんな爆笑でした！
　私は急に「あとかたづけ」が出てきたのでなんとも困って、即座に「それも大事だよねー」と反応しました。彼は結構自信を持って言ってくれました。
　あとで担任の先生から聞いたところ、実はこのクラスではいつも学級目標にあとかたづけを掲げていたそうです。そして、いつもあとかたづけを忘れるのが、なんとシュンちゃんだったそうです。でも、今回のことでシュンちゃんも実はちゃんと聞いていたということが、先生にもクラスのみんなにもわかったということです。
　いつもあとかたづけをしないシュンちゃんが授業の後にやってきて「キャットマン、道具のあとかたづけ手伝うよ！」って最後まで残ってくれました。ちゃんとわかっているのですね。１年生はまだ何もわかっていない⁉︎　なんて誰か言っていませんか？

おわりに

　プロジェクト アドベンチャーというものはきっと何かに守られているような気がしています。こんなにも多くの人たちにそれもものすごい大きな力で支えられているということをこの10年間感じ続けてきました。どうにも不思議なのです。社会が必要としているものは、そういうものなのかなあ。あまりにも必要なときに必要な人に本当に出会えたのです。それが一度や二度ではなくプロジェクト アドベンチャー ジャパンの10年間はその連続でした。もちろんみんなが努力してくれた結果ではあるのです。PAに出会ってしまった人たちみんなが大変な努力をして得た結果だと思うのです。そしてこれからもこの流れにはもっと乗ってしまえと思っています。自分たちが無理やり流れをつくるのではなくその流れに身を委ねるというのが私は好きです。最後は「他力本願」「果報は寝て待て」「棚から牡丹餅」。でもこれは何もしなくてよいということではないのです。青少年は間違ってもそのまま真似をしてはいけません。一生懸命努力したうえの話です。一応、私たちも努力はしているのです。

　私はプロジェクト アドベンチャーそのものが流れに逆らわずに流れに身を委ねるという方法をとっていると思っています。状況を分析し、最低限の介入を行う。環境をそっと整えていく。稲を育てるのに農薬や化学肥料に頼るのではなく、稲が最も育ちやすい環境をつくっていく。自然の力を利用する方法が好きです。力ずくで何かをしようとするとどこかにゆがみが出てしまいます。人が自然に持っている力を信じて、気づくのを待つ。ただ待つだけでは時間がかかってしまうので、アドベンチャー活動を利用して心の中に波風を立てていく。でも基本姿勢は「待つ」のです。

林　壽夫

グループのちからを生かす
成長を支えるグループづくり

2005年11月10日　初版第1刷発行
2016年5月8日　　第6刷発行

著者	プロジェクト アドベンチャー ジャパン（PAJ） 〒150-0002　東京都渋谷区渋谷2-6-12 ベルデ青山6F 電話　03（3406）8804 http://www.pajapan.com
スタッフ（執筆担当）	林壽夫（はやしくん　Part1） Adam Clark（アダム　Part2,3） 阿部有希（ゆき　編集担当,Part2,3 翻訳,Part7） 関智子（とも　Part4,5） 田中晴美（はるみ　Part6,8,9） 杉村厚子（すずめ　Part7） 難波克己（KAT） 鎌田学（Mab） 門田卓史（Mondy）
本文イラスト	諸澄敏之
発行	C.S.L.学習評価研究所 〒222-8511　神奈川県横浜市港北区新横浜2-13-12
発行人	高木幹夫
発売	みくに出版 〒150-0021 東京都渋谷区恵比寿西2-3-14 電話　03（3770）6930 http://www.mikuni-webshop.com
編集協力	オクト　オフィス41分
カバーデザイン	グラフィクス アンド デザイニング（G&D）
本文レイアウト	安田あたるデザイン室
印刷・製本	サンエー印刷

©2005　Printed in Japan
ISBN978-4-8403-0257-9　C0037
定価はカバーに表示してあります。

この印刷物は、地産地消・輸送マイレージに配慮した米ぬか油を使用した「ライスインキ」を採用しています。